CONTENTS

Part2

つまずきを放置しない！親が発達段階ごとの壁を越えるサポートをする——33

Let's ask
a doctor
mental
health

心のお医者さん
に聞いてみよう

発達障害の子が18歳になるまでにしておくこと

“周囲とうまくやっていく力”の育み方

小児精神神経科医　どんぐり発達クリニック院長
宮尾益知 監修

大和出版

はじめに

クリニックには毎日、発達障害やギフテッドの子どもたちがやってきます。みんなさまざまな困難を抱えています。なかでも、なかなか克服できず、ひきこもりや適応障害の原因となるのが「みんなとうまくやっていく」ことへの困難です。

とくに日本では「空気を読んで人とうまくやること」が当たり前の社会。発達の違いから生活上問題を抱える子たちも「みんな（定型発達の人）に合わせること」が求められます。支援級では社会生活技能訓練（SST）などを受け、さまざまな場面での受け答えやふるまいのパターンを覚えます。でも、それを応用するのは難しく、学校生活が終わり就労すると、さらに厳しい現実をつきつけられます。

いつかはわが子が自立し、周囲の人と温かい交流をもち、末永く健康に楽しく暮らしてほしい……これはすべての親御さんの願いではないでしょうか。

この願いを叶えるには、発達障害やギフテッドの子が成人するまでのあいだに、社会性向上と自立のためのサポートをする必要があります。欧米では「非認知能力」「心の知能指数（EQ）」を高める教育が盛んです。私は、発達障害やギフテッドの子どもの「発達段階」の視点をふまえて、彼らにこうした教育を施す必要があると考えています。発達障害、ギフテッドの子どもの認知は、それぞれ異なる発達段階を経ます。親御さんは、わが子の認知の発達段階を見極め、必要なタイミング・必要な方法でサポートしなくてはなりません。

本書は発達障害、ギフテッドの子どもの発達段階をふまえ、科学的にいつどんなサポートが効果的なのかを解説します。お子さんが成長し自立するためのよき指針となれば幸いです。

小児精神神経科医・どんぐり発達クリニック院長　宮尾益知

Part3

家庭で育む社会性12のトレーニング
自分を理解し、好きになり、他者とうまくやっていく——59

CONTENTS

イラスト●やのひろこ
デザイン●酒井一恵

Part 1

「みんなとうまくやれない」

発達障害のある子が学校や社会でつまずく本当の理由

発達段階でなんらかの問題を抱えている子は
「みんなに合わせる」ことが困難です。
思春期や社会に出ていく青年期に
学校や社会でうまくやれなくなり、
うつやひきこもりなどの
二次障害を引き起こすことがあります。

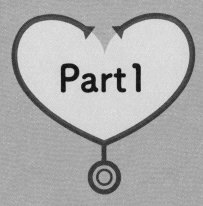

空気が読めない、勝手なふるまい……クラスで浮いてしまう

クラスメイトの目が気になり始める……

10歳頃になると自我が芽生え、自分と他者との違いにも気づけるようになります。発達に違いがある子どもは、普通の発達段階を経て成長する大多数の定型発達の子に違和を感じます。しかし、同じようにふるまうことはできません。まわりに合わせられず、仲間外れにされてしまうことも。

チームで行う ボールゲームが苦手

発達障害のある子の一部に、運動の苦手（発達性協調運動障害・DCD）が見られる。とくにボールを使うゲームがうまくできず、チームに加われないことも。

みんなといっしょに遊べない

まわりに合わせて行動できないことが多い。ルールを覚えていられない、衝動に任せて行動してしまうなど、集団での遊びがうまくできない。

小学校は個別対応ではなくなるルール重視の世界

保育園や幼稚園では個性に合わせた対応もしてもらえますが、小学校にあがると集団生活のルールに従わなくてはなりません。「小学校のルール＝定型発達のルール」。発達に違いがある子には厳しい世界です。

友だちとうまくやっていく力が弱い子も多く、高学年になるにつれ孤立したりいじめにあったりして自己肯定感が低下していきます。ひきこもりやうつ、適応障害などの二次障害に発展しやすくなります。

みんなとうまくつき合えない

成長とともに、自分以外の先生やクラスメイトの存在を意識するようになる。まわりに合わせてうまくやれない事実に気づき、自分に自信がもてなくなる。

周囲に違和感を覚える

10歳前後になると周囲との違いを感じるようになる。自分だけが怒られる、できない子だと感じたり、まわりが自分に向けるネガティブな感情を察知したりして、学校に行きたがらなくなることも。

おしゃべりを楽しめない

場の空気を読みとれない、思ったことをそのまま口にし、相手を傷つけてしまう、雑談ができないといったことから、みんなとのおしゃべりに加われない。

卒業後に自立できず、社会生活が成り立たない

学校生活は乗り切れたものの……

発達障害は人によって困りごとの程度が異なります。高校までは定型発達の集団についていけた、いわゆるグレーゾーンの人も、卒業後につまずくケースが目立ちます。とくにひとり暮らしを始めたとき、日常生活に支障が出ることがあります。家事の段どりができず部屋が荒れ放題に。時間の管理ができずスマホやゲームにのめり込んだりします。

日常生活がはたんしていく

ひとり暮らしを始め、就労するようになると、生活がはたんしやすくなる。とくに障害が比較的軽度な人の場合、問題が起きて初めて発達障害だとわかることも多い。

ひとりで家事ができない

掃除、洗濯、調理など家事全般を段どりよく行うことができない。部屋は荒れ放題、栄養が偏り、栄養失調で倒れたりすることも。

仕事や対人関係がうまくいかず、出社できなくなる

発達障害やギフテッドの人は対人関係が苦手なうえ、定型社会のルール通りに生活することが困難です。定型発達の人たちの社会で働くようになると、強いストレスを感じます。「できるだけみんなに合わせよう」とがんばりすぎ、過剰適応を起こし、適応障害やうつ病を発症する人も数多くいます。離職がきっかけでひきこもりになったり、転職の失敗と再就職をくり返し、経済的に自立できなくなったりする人も……。

仕事で叱られ、つづけられない

発達の特性が影響し、仕事をこなせない、上司や同僚とうまくやれないといった問題が生じやすい。また人とのコミュニケーションが必須の仕事などでは、顧客や取引先とのトラブルに発展することも。

うつや適応障害を起こしやすい

業績があがらない、人間関係を築きづらいため、周囲から非難され、孤立し、出社できなくなる。うつ病や適応障害を起こし、社会復帰が困難になることも。

長時間のスマホやゲームで睡眠不足

スマホやゲームに依存しやすい。疲れて帰宅すると、際限なくネットを見て、寝不足で疲労がたまる。

人づきあいが困難な特性をもつ ASD、ギフテッド、ADHD

発達のでこぼこが大きくてうまくやれない

定型発達の子どもでも得手不得手はありますが、両者の差はそれほど大きくありません。一方、発達障害、ギフテッドの子どもたちは、得手不得手のでこぼこ差が大きすぎるのが特徴。ギフテッドは「得意分野が突出し、素晴らしい」と思われがちですが、その極端さが生きづらさの原因にもなっています。

ASD特性1

社会的なやりとりが苦手

他人と目を合わせられず、周囲の状況を読みとって行動することができない。相手に合わせて行動できず、みんなといるよりひとりでいることが好き。

もともと他人への関心が薄く、相手の立場でものを考えるのが苦手なので、友だちとのあいだにもトラブルが生じがち。

ASD特性2

コミュニケーションが苦手

相手の表情から気持ちを汲みとること、たとえ話を理解することなどが難しい。悪気がなく失礼なことを言ってしまうことも。

会話のキャッチボールができず、みんなの雑談についていけなくなり、疎外感を覚えることがあります。

ASD　もともと人への興味・関心が薄い

ASD（自閉スペクトラム症）の場合、とくに他者との関係を築くのが困難です。人への興味や関心が薄く、相手に共感したり気持ちを推しはかったりすることが苦手という特性があります。へいきで人の感情を逆なでするような発言をし、トラブルになることもあります。

また、感覚過敏や強いこだわりも見られます。自分の行動を人に合わせることが難しく、集団から浮いた存在になりやすく「自分勝手」と批判されることもあります。

ASD特性3

こだわりが強く、先のことを想像するのが苦手

小さい頃から収集癖があり、自分のルールにこだわるところが。好きなことがあると時間を忘れて集中し、自分の予定を変えられたりすると混乱することも。

自分の都合が優先されるので、みんなに合わせてその場の状況に合わせて臨機応変に行動できません。

ASD特性4

感じ方が敏感／鈍感で疲れやすい

光や音、味や触り心地に過敏。逆に自分の疲れを察知することができず、過労で倒れてしまうこともある。

みんながへいきで過ごせる場所でも本人には苦痛なことも。神経質でちょっと変わった子だと思われてしまいます。

自分だけの世界に入り込んでしまう。

ギフテッド　IQが高いが、集団からは外れがち

ギフテッドとは「突出した才能をもつ人々」という意味で、「特別で素晴らしい子」という意味ではありません。IQ125 〜 130 以上とされますが、特徴に共通点が多いため IQ をはからなくてもわかります。脳機能に偏りがあり、高い集中力で飛び抜けた能力を発揮する一方、神経質で社会性が低いという面も。

ギフテッド自体は、発達障害のカテゴリーには入りませんが、認知特性のために、定型発達の社会で生きるときに困難を抱えやすい点は共通しています。

クラスメイトに対して

話のレベルが合わず、ばかにしている。運動など苦手なことを笑われるのがいやで、つき合わない。

大人に対して

自分が尊敬している大人、一目置いている大人の話しか聞かない。

ギフテッド特性1

IQが高く、特定の学問やジャンルに高い能力を発揮

ＩＱが１２５〜１３０以上あり、複雑な文章をつくったり、高度な数学の問題を解いたりする。社会や政治への関心が高く、好奇心旺盛、高いリーダーシップを有する子も。

定型発達の同世代の子たちとは興味が一致せず、集団行動からは外れがちです。

2E　生きづらさを感じやすい「2E」

ギフテッドにはADHDやASDの特性をもつ子が多く、発達障害と高い知能を備えた「二重に特別な人間」という意味で2Ｅ（Twice Exceptional）と呼ばれます。興味のあることには体力が消耗するほど長時間没頭したり（ADHD的傾向）、知識や事象、論理的なことに強くこだわったり（ＡＳＤ的傾向）する一方、極端に社会性に乏しく、友だちから孤立して学校では問題児扱いされることもあります。

知っているから授業は無駄。まともに聞く気がしない。
適当にやってもいちばんになれる。まじめにコツコツやりたくない。
先生の話は論理的ではないし、私の話も理解できないばかだから話したくない。
イライラ
イライラ

ギフテッド特性2

社会性は低く、周囲をばかにしがち

授業も遊びもすべて退屈。同世代のやることには興味をもてない。いつもイライラし、反抗的な態度をとる。

まわりとは合わない、自分を受け入れてもらえないといった感覚があります。

学校の先生や友だちとやりとりするのは無駄だと思っている。

ADHD 衝動性の問題で周囲とうまくやれない

　ADHD（注意欠如・多動症）の子どもは落ち着きがなく集中力が保てません。つねにちょっと先のことを考えて、「いま」に注意を払うことが困難。ひらめき力がありますが衝動性が高く、思いついたらすぐに行動。「ちょっと待つ」ことができません。

　近年は情動制御の問題も指摘され、DSM-5（アメリカ精神医学会の診断基準）には関連特徴に「欲求不満耐性の低さ、易怒性、気分の不安定性が含まれるかもしれない」と記されています。

ADHD特性1

不注意で集中しづらい

気になることがあると、すぐに注意がそちらに向き、ひとつのことに集中してとり組めない。遅刻や忘れものが多く、整理整頓が苦手。

失敗が多く、いつも怒られてばかりいるので、みんなからは呆れられてしまうことも。

自分の興味・関心に心を奪われると、いま友だちといっしょにやっていたことは忘れてしまう。

ADHD特性2

多動で落ち着いていられない

じっとしていることができない。イライラ、ソワソワした気分になると、体が勝手に動いてしまう。

授業中もきょろきょろして、落ち着きがないため、「困った子」とレッテルを貼られてしまいます。

好奇心
強い欲求
衝動
見たい!
行きたい!
動きたい!
触りたい!

ひらめいた!

ADHD特性3

衝動性が高く、待つことができない

「いま〜したい」と思ったら、ついやってしまう。高い衝動性を抑えられず、順番を守れない、勝手にしゃべりつづけるなど、周囲を無視した行動が目立つ。

思いついたら即行動してしまうため、まわりは無視。勝手でわがまま、乱暴な子だと思われてしまいます。

ADHDは情動の障害をあわせもつことがあります。気分が不安定で怒りっぽいために、お友だちとうまくつき合えない点も指摘されています。

大人になったときの自立のビジョンをもつ

社会性の欠如は、特性理解によって補える

発達障害やギフテッドの子どもたちは、10代のうちに定型発達の社会に調和する方法を学んでおく必要があります。

ものの見え方・感じ方・考え方（認知）の特性は努力で変えられるものではありません。でも、特性をふまえ、自分のできること、できないことを自覚し、人に伝え、協力を得ることはできます。大人になったときの自立のビジョンをもつことが大切です。

職場で

職場では、求められる役割を分析し、演じる。仕事上必要な社会性は、「共感」を示すふるまいで対応。また苦手なこと、得意なことを整理し、周囲に伝える。得意を率先して行い、苦手はサポートを求める。

ASDの人に必要な力

自分の得意・苦手を理解し、周囲に伝え、得意を生かせるように交渉する。

ASDの人に必要な力

職場での立場や仕事の内容を正確に把握し、実行する。

ASDの人に必要な力

相手の「気持ち」をイメージし、対応する。

ASD　社会的な役割を理解し、演じきる

ASD の人は他者への共感が苦手。ただ、言語能力が高い ASD の人は、ものごとを論理的に分析することが得意です。

ある ASD の会社経営者は「仕事上求められる役割」を徹底的に分析し、らしく見えるふるまいを演じました。いまは周囲から「思いやりあるやさしい社長」と評価されています。本人は「会社で完璧な社長を演じるぶん、帰宅後はゴロゴロして疲れを解消している」と。自己管理を徹底し社会性の弱さを克服しています。

家庭で

家でも「家族の一員」としての役割を分析し、演じる。ただし家をリラックスの場としても機能させるため、ひとりになる時間を確保することも忘れずに。

ASD の人に必要な力

家族のなかの役割を認識し、求められる行動をとる。

ASD の人に必要な力

パートナーや子どもの「気持ち」をイメージして、関わる。

POINT

リラックスする ひとり時間をつくる

緊張と疲れをとるため、ひとりきりで過ごせる時間・空間を用意する。

ギフテッド　他者と協力し、目標に向かう

ギフテッドの人は、知能検査などではかれる認知能力が非常に高い一方、社会性に関する能力が低いのが特徴です。もって生まれた高い能力と社会性の低さゆえに、他者と協力し合えません。また、地道な努力を積み重ね、知識や技術を蓄積していくのも苦手です。

恵まれた才能を生かすためには、他者と協力し合うことの重要性を理解することと、試行錯誤を重ね、ひとつのことを継続することの大切さを学ぶ必要があります。

ギフテッドの人に
必要な力

自分が本当に好きなこと、一生懸命になれることを見つけ、努力していく。

コツコツと努力し、自分の得意分野を伸ばす

地道な努力を積み重ねられなければ、知識量も技術も中途半端に終わる。プロとして自立していくためには、試行錯誤をつづける根気強さが大切。

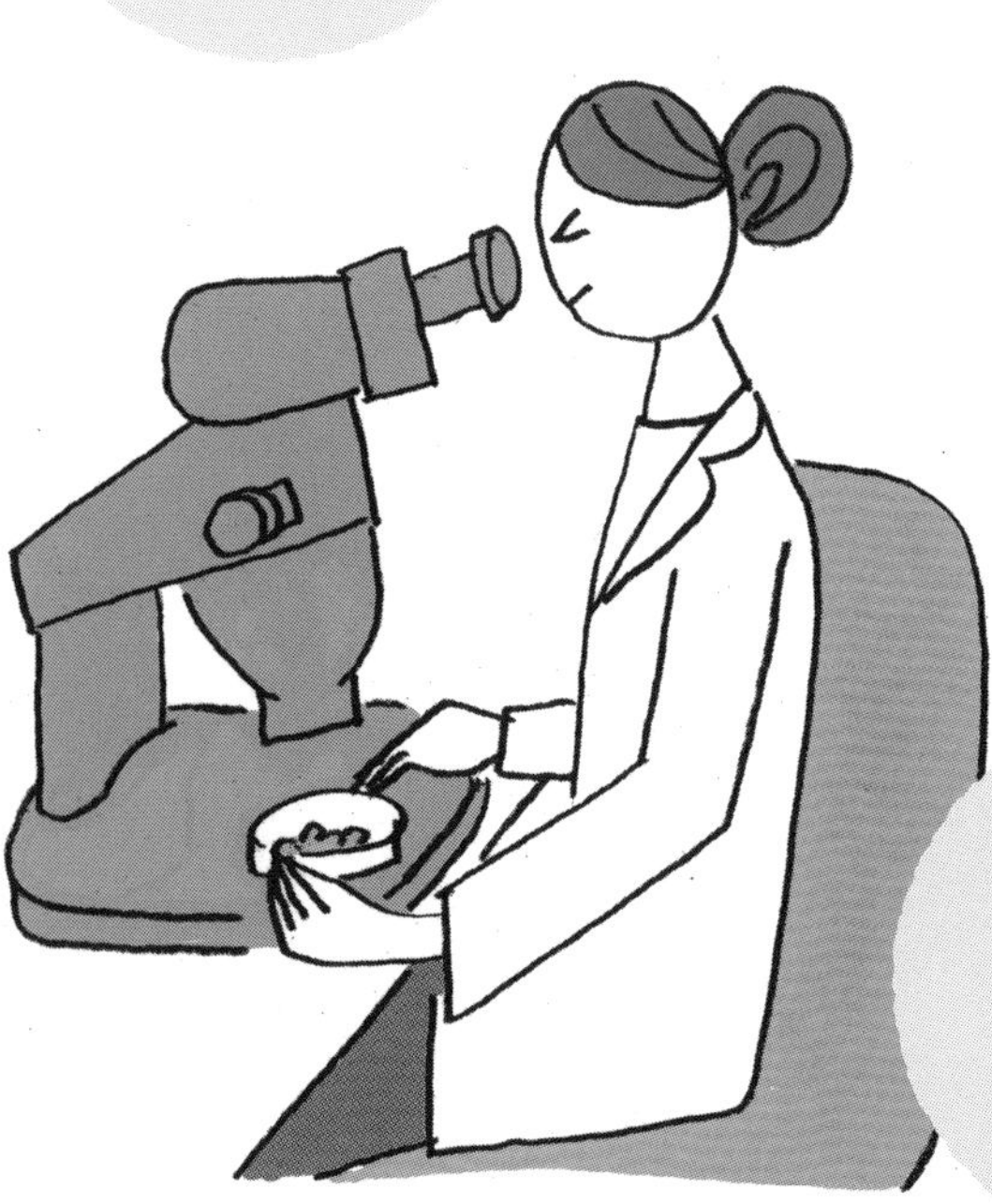

ギフテッドの人に
必要な力

失敗しても投げ出さず、小さなことをひとつずつ積み重ねていく。

ギフテッドの人に
必要な力

ストレスとうまくつき合いながら、目標を設定し達成する。

自分のやりたいことを
周囲の協力を得ながら実現していく

いくら突出した能力があっても、
他者と協力し合えなければ、
社会で能力を生かすことは困難です。
自分の目標を達成するためにも、
他者といっしょにやっていく力が
求められます。

他者を見下さず、相手のよいところを尊重し、協力を得ることで、自分の目標を実現させられる。自分の構想を､「これは！」という人に話し、わかってくれた人のサポートを借りる。問題が生じても、粘り強く解決していくことが大切。

ギフテッドの人に
必要な力

問題や対立が生じても建設的な解決策を考えて実行する。

ギフテッドの人に
必要な力

他者とうまくコミュニケーションをとり、協力し合う。

ギフテッドの人に
必要な力

社会的なルールや安全を守りながら、多くの人にとってよりよいことを実践する。

ADHD　サポーターの協力を得て、能力を発揮する

ADHD の人には、共感性の低さや社会的なやりとりの苦手さは認められません。しかし、衝動性や不注意といった面から、みんなに合わせられなくなります。

興味・関心は広く、斬新な発想やひらめきがあります。専門性の高い分野で認められる人も。個性を発揮できる小規模の会社（部署・チーム）で、適した業務につくことが自立への近道。ただ、衝動性や不注意などの苦手はあるため、そこをサポートしてくれる、有能な秘書や同僚の存在が重要です。

ADHD の人に必要な力

自分の得意なことを生かせる仕事につく。

ADHD の人に必要な力

衝動性、多動性が強く、日常生活に支障があるなら治療を受ける。

ADHD の人に必要な力

「これは！」という人を見つけておき、話しながら自分のアイデアをブラッシュアップ。

自分の得意を存分に発揮できる仕事につく

アイデアや創造力などに恵まれている人も多く、得意な分野の仕事につけば生き生きと活躍することができる。業務の妨げとなる衝動性や多動性を自覚。薬物療法などの治療も有効。

ADHDの人に適した2タイプの職業

【専門性の高い仕事】

自分が好きなことを継続し、専門性を極めていく仕事。

- 研究者　● スポーツ選手
- スポーツインストラクター
- 調理師　● 警察官　など

【クリエイティブな仕事】

アイデアや表現力を発揮し、これまでにないものをつくり出すような仕事。

- デザイナー　● 作家
- ゲームプログラマー
- メイクアップアーティスト
- 企画開発　など

ADHD の人に必要な力

行動に移す前に、必ず「考える」「相談する」習慣を身につける。

ADHD の人に必要な力

自分の苦手、欠点をよく理解し、それを補うためにどうすればいいかを考える。

自分の苦手を補ってくれる第三者と協力し合う

よいアイデアがひらめいたときも、行動の前に「まず、考える」習慣を。職場では、周囲の人に自分の特性を理解してもらい、サポートを得る環境を整える。

ADHD の人に必要な力

自分の苦手、欠点を補い、手助けしてくれる第三者のサポートを得る。

本物の「社会性」とは

「みんなに合わせる」のではなく他者と調和していくこと

社会性に課題がある人が社会的スキルを伸ばすためにＳＳＴ（ソーシャルスキル・トレーニング　社会生活技能訓練）があります。医療機関や施設で大人から子どもまで受けられ、発達障害の子も対象です。

ＳＳＴを受けてもつまずいてしまうのは？

ところが、ＳＳＴを受けていても、つまずいてしまう子や、大人になり、社会生活がうまくいかなくなる人もたくさんいます。

ＳＳＴでは、ロールプレイなどの訓練を通じて集団でのふるまい方や対人関係スキルを習得します。現実社会で同じ状況になったとき、適切にふるまえるようになるのが目的です。

しかし、現実社会で実際の状況は多様です。パターンの対応をどんなに学んでも、応用がきかなければ社会生活を乗り切るのは困難です。応用できるようになるためには、より根本的な自己変革が必要なのです。

社会性は「ただ相手に合わせること」ではない

発達障害やギフテッドの問題は、生まれながらの神経発達の偏りによって起こります。社会性の低さは、本人のせいではなく、社会の側が配慮し、共生していかなければなりません。

ただ、社会に配慮を求めるためには、障害を抱える側にも「自分にどういう特性があり、どのような対応をしてほしいのか」を伝える力が求められます。本物の社会性とは、ただ相手に合わせることではありません。自分とは違う背景をもつ他者と向き合い、自分のことを伝え、相手のことを理解し、協調していくことです。「定型発達のみんなに合わせる」ための応急処置としての技術ではなく、「みんなとうまくやっていく」ための本質的な方法を身につけることが大切です。

人と協調するには相手を理解しなくてはなりません。相手を理解するためには、まず自分を理解すること。自分の心を理解できなければ、他人にも同じように心があることをイメージできないからです（P28）。

発達に問題がある子でも、こうしたプロセスを丁寧にたどることができれば、心に根本的な変化を促すことができます。そのうえで実践的訓練を重ねれば、社会性の芽を育てていくことも不可能ではありません。

神経発達症への名称変更とニューロダイバシティ

精神神経学会は「障害」を「症」に変更する提案をしました。また、発達障害は神経系の機能発達の偏りによる疾患群「神経発達症候群」に属するため、名称は発達障害から神経発達症に変更されました。

本書では「発達障害」を使っていますが、今後は「神経発達症」が一般化すると考えられます。また近年は「神経学的に多様な機能をもつ人を包含する」という「ニューロダイバシティ」の概念も広まっています。

社会性の基盤① アタッチメント（愛着）

言語獲得以前にできる親子間の身体的な交流が身につきにくい

アタッチメントは心理学で用いられる用語で「愛着」とも呼ばれます。アタッチメントとはくっつくという意味ですが、たんにスキンシップではありません。身体的接触と情緒的接触の両方の交流により得られます。

親子間のアタッチメントが人間関係の基盤

アタッチメントの形成は、赤ちゃんが言語を習得する以前から、親など養育者との身体的・情緒的コミュニケーションによって育まれ、3歳頃までに身につきます。赤ちゃんは不安を感じると、だれかにくっついて安心しようとします。最初はだれでも構いませんが、やがて、世話をしてくれる母親などの養育者を認識し、「自分を守ってくれる人」として頼るようになります。これがアタッチメントです。養育者にくっついて不快や不安をとり除いてもらうたびに、アタッチメントは強化されます。「この人は信用できる」「自分は愛されるべき人間だ」と思えるよう

アタッチメントの形成の段階

身体的な接触（くっつくこと）により、安心感が生まれる。

親子で同じものを見ることで、お互いの世界が重なり、コミュニケーションの基盤ができる。

親子が応答し合い、親の視線を子が追い、言葉を重ね合うなかで、関係性が築かれていく。

になり、情緒が安定します。

親への愛着から「自分」が生まれる

子どもは親との関係を通じて「自分」を意識するようになります。生後6か月頃から親子が同じものを見て世界を共有する「共同注視」ができるようになり、9か月頃には同じものを見ながら情動を共有する「共同注意」や「ミラーリング」ができるようになります（P26下）。また、親の表情や反応を見ながら「危険かどうか」を察知して自分の行動を判断する「社会的参照」もできるようになります（P27下）。

アタッチメントが形成されると子どもは親を安全地帯と認識し、安心して社会に踏み出していくことができます。

親子の相互関係は心にとり込まれ、社会を認識する際の原型となります。子どもはこの原型をベースに他者の行動を予測したり、自分の行動を計画したりして対人関係を築きます。

一方、発達障害やギフテッドの子は、定型発達の子とは異なる発達段階を経ます。とくにアタッチメント形成は遅れ、形成できても未熟なまま学校生活を送らなければならず、社会性が育まれません。個別の発達状況をよく見て、まわりがサポートする必要があります。

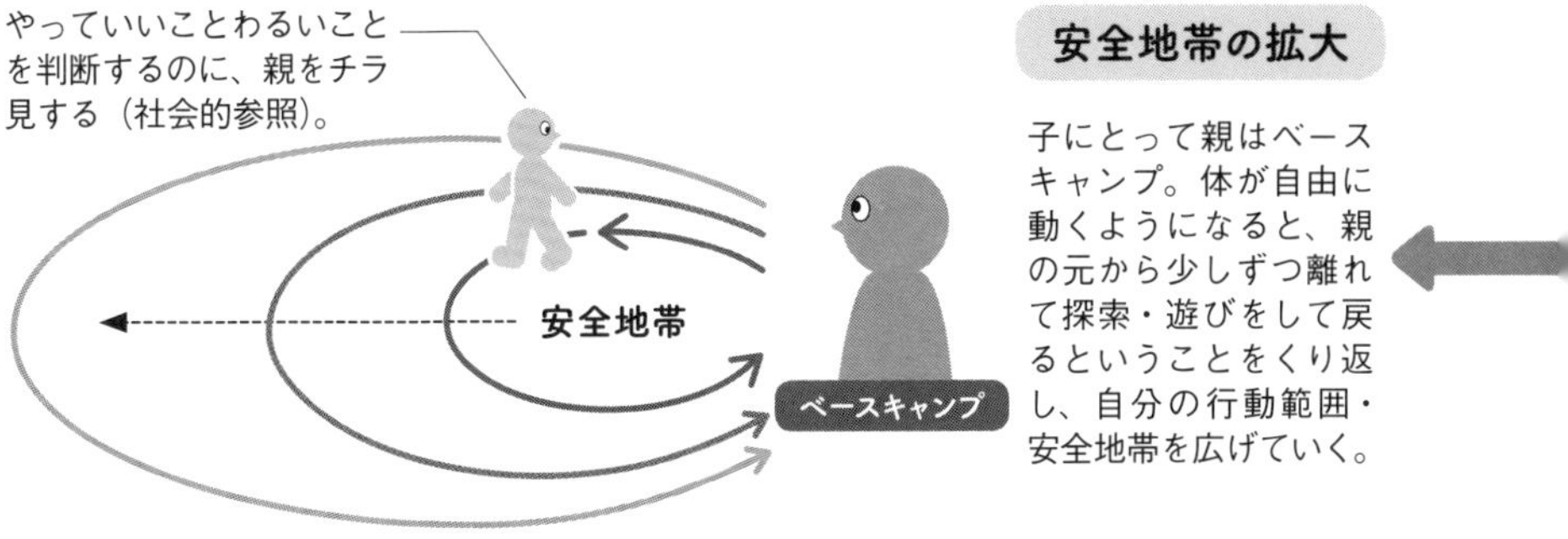
安全地帯の拡大
子にとって親はベースキャンプ。体が自由に動くようになると、親の元から少しずつ離れて探索・遊びをして戻るということをくり返し、自分の行動範囲・安全地帯を広げていく。
やっていいことわるいことを判断するのに、親をチラ見する（社会的参照）。
安全地帯
ベースキャンプ

社会性の基盤❷ 心の理論（ToM）

発達障害の子は他者の心に気づくのが遅い

人はどうやって他者の心を理解しているのでしょうか。心理学では、イギリスの心理学者バロン・コーエン博士の「心の理論（Theory of mind=ToM）」説が有名です。

アタッチメントを通じて、他者の心が理解できる

心の理論とは、他者の心を類推し、理解する能力です。他者は自分とは異なる心をもつ存在です。人は「相手が自分とは異なった状況や心の状態をもつ」ことを理解したうえで、相手の行動や感情を推測して行動しています。

ところが、小さい子どもは他者に自分と異なる心があることがわからず、相手の行動が類推できません。3～4歳頃、アタッチメントがしっかり形成されると親子関係を通じて「自己」と「他者」が認識できるようになり、他者には他者の視点があることが理解できるようになります。

サリー・アン課題

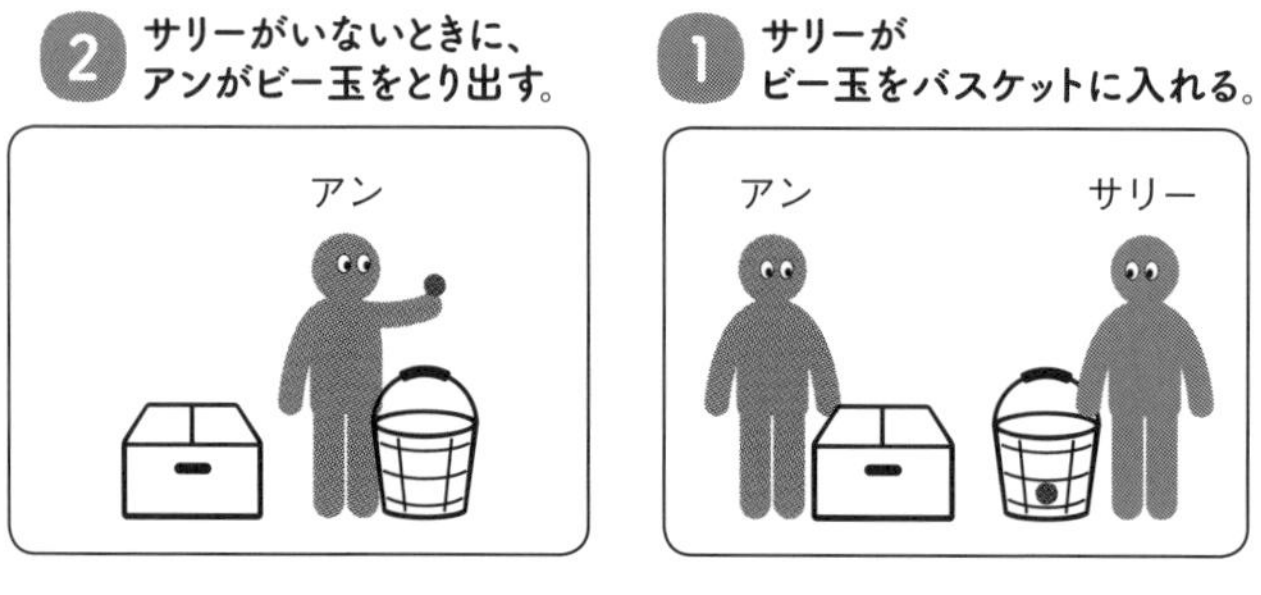
1 サリーがビー玉をバスケットに入れる。
アン
サリー
2 サリーがいないときに、アンがビー玉をとり出す。
アン

このため、定型発達の子どもでは4歳前後になると「心の理論」が発達するとされています。

「サリー・アン課題」でわかる立場の類推

「心の理論」の発達をはかるのに用いられる心理検査が「サリー・アン課題」です（下欄参照）。

部屋にサリーとアンというふたりの女の子がいます。

サリーは自分のバスケットにビー玉を入れて、部屋を出ます。するとアンはサリーのバスケットからビー玉をとり出し、自分の箱に入れます。さて、サリーが戻ってきたとき、ビー玉をとり出すためにどこを探すでしょうか。

3歳以下の子に尋ねると、いまビー玉がある場所、つまり箱を指します。サリーの視点がわからないからです。一方、4～5歳以上の定型発達の子どもたちは、ほとんどみんな「バスケットを探す」と正しく答えます。これは、子どもたちがサリーの立場になって考えることができ、すでに「心の理論」が発達していることを示しています。

発達に問題がある子どもは就学前後でも正答できない子が多いとされ、「心の理論」の発達が定型発達に比べ遅れていると考えられます。

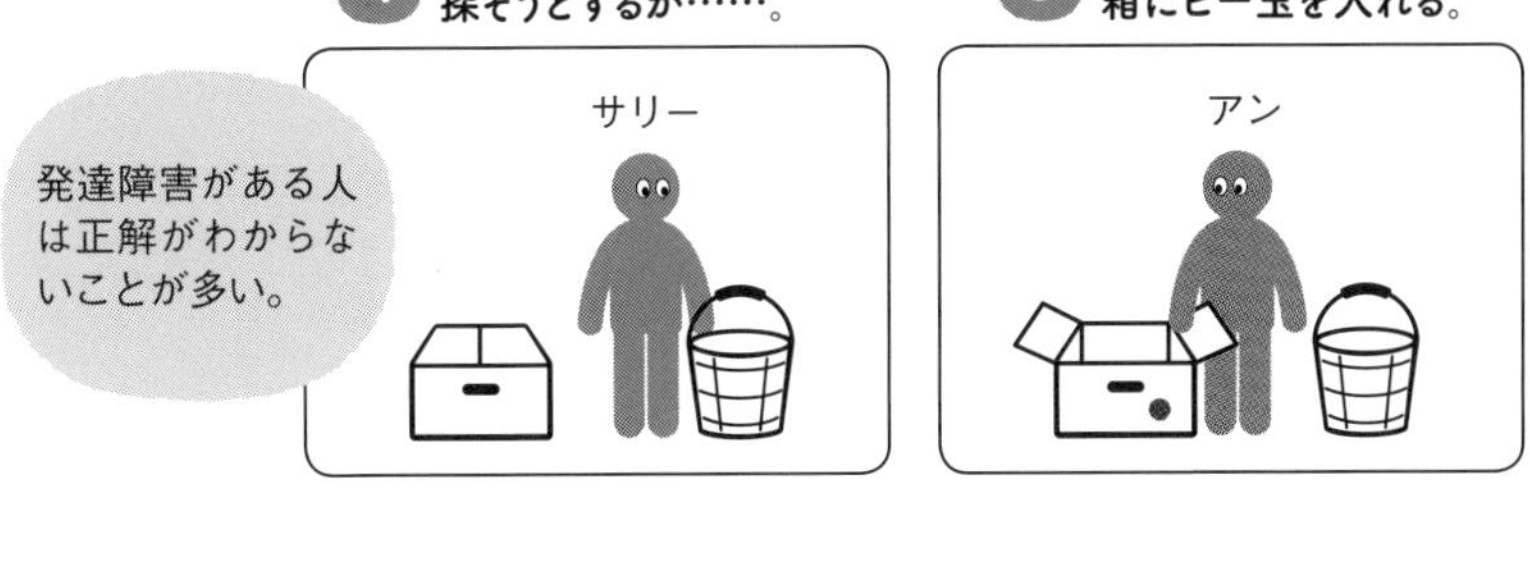
3
アンが
箱にビー玉を入れる。
アン
4
サリーがバスケットを
探そうとするが……。
サリー
発達障害がある人は正解がわからないことが多い。

社会性の基盤③　メンタライジング

自分と他者の心について学ぶ機会が不足している

人の気持ちを理解して協調できるようになるためには、「心の理論（P28）」に加えてメンタライジング能力も必要です。

アタッチメント形成があり、メンタライジングも可能に

「心の理論」は「他者は自分と異なった視点をもち、その視点が理解できる能力」です。メンタライジングとは、「心の理論」をふまえ、自分の心の状態を基盤としたうえで、相手の視点に基づいた心理状態や思考を推測したり共感したりできる能力です。

メンタライジング能力も「心の理論」と同様に、基盤となるのはアタッチメント形成です。赤ちゃんはそれ以前に「自己」というものがありません。愛着対象者（親）との応答を通じて、自分のなかに「自己」を認識できるようになります。

自己とはいわば自分のなかに存在する「他者（もともとは親）」の視

メンタライジングの基本

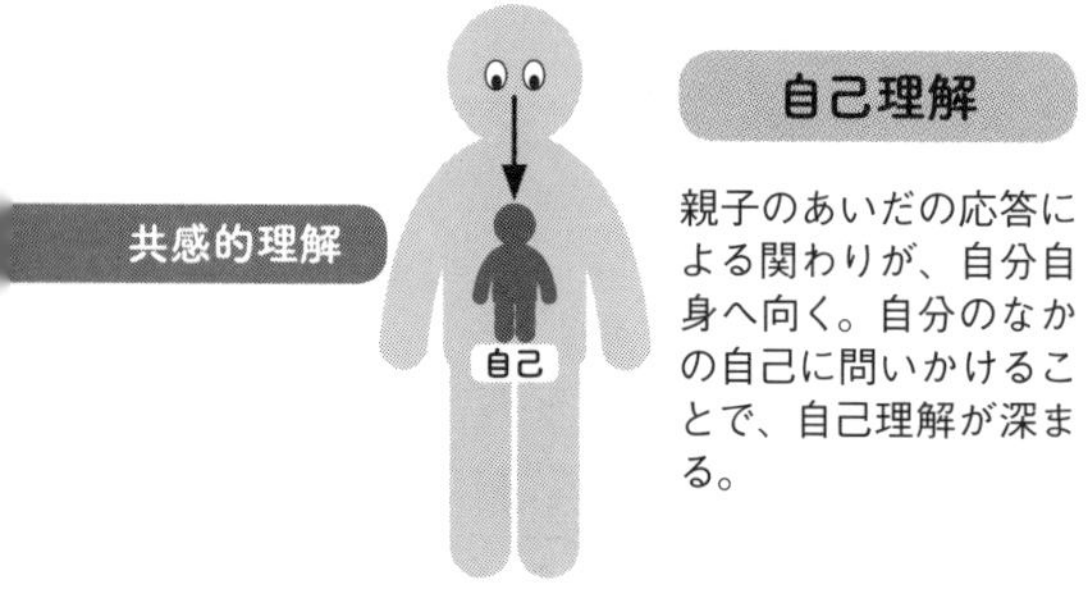
自己理解
共感的理解
自己
親子のあいだの応答による関わりが、自分自身へ向く。自分のなかの自己に問いかけることで、自己理解が深まる。

点です。自分がいまなにを感じ、考えているのか、他者視点で読みとれるようになる（客観視できる）と、自己を省みること（内省）ができるようになります。

自分の心の延長線上に他者の心を考える

人は内省することで「自己理解」を深めます。自分の感じ方や考え方を把握できるようになると、今度は他者を理解するときに、このパターンを応用します。

他者にも、自分と同じように他者の心があり、感じ、考えているはずだと、他者を理解するようになるのです。

「あの人が涙を流しているのは、きっと私が泣いているときに感じているような悲しみを感じているからに違いない」

相手の言動から、その心理状態や思考を推測し、共感を抱くようになります。

メンタライジングとは、このように自己と他者に異なる視点があることを理解するだけでなく、自己と他者双方の感情や思考を理解する複雑な能力のことをいいます。「心の理論」を習得する4～5歳以降に発達し、大人になってからも発達しつづけます。

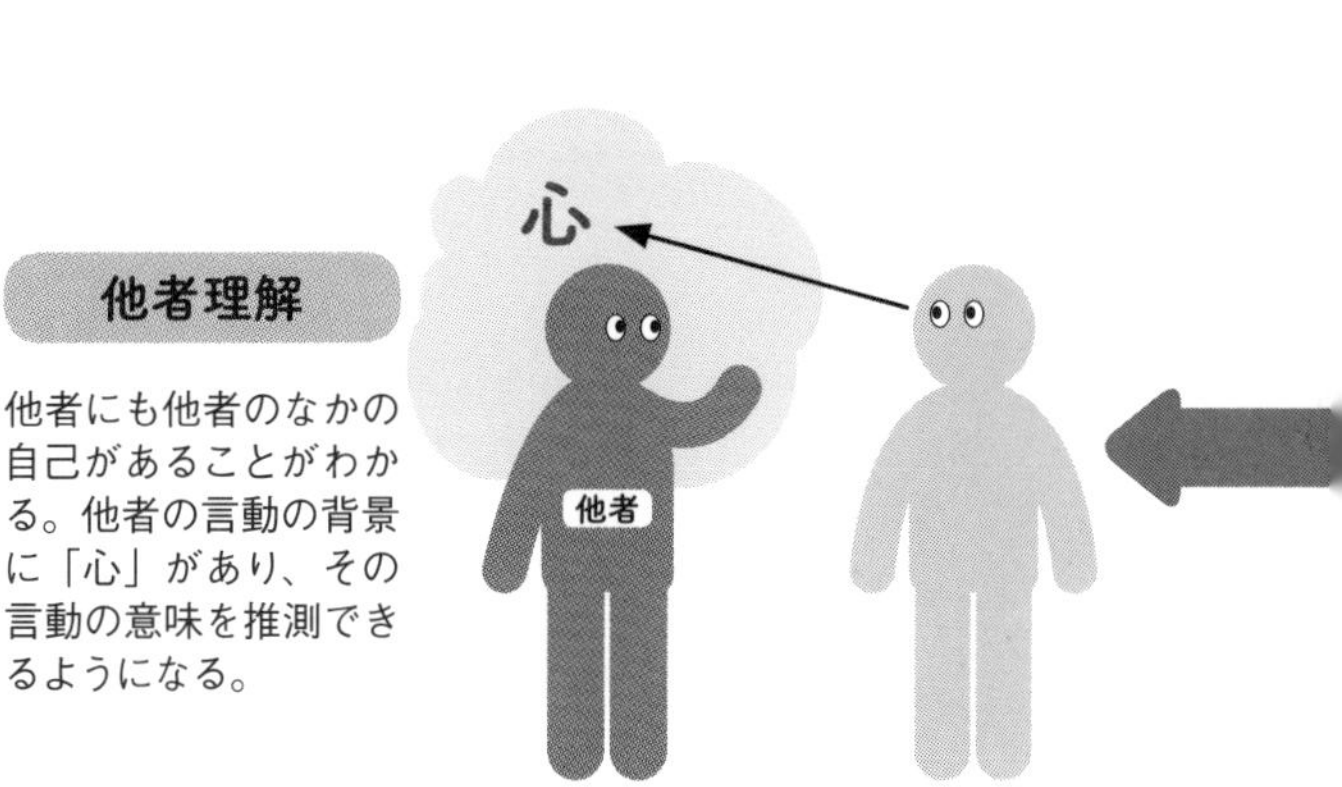
他者理解
他者にも他者のなかの自己があることがわかる。他者の言動の背景に「心」があり、その言動の意味を推測できるようになる。
心
他者

心の訓練の機会・時間が足りないまま大人になっていく

こうしてみると人の心の能力には驚嘆すべきものがあります。

人の心のなかには「自分を俯瞰して見る他者（自己）」がいて、他者とやりとりする際には、瞬時に相手の心を推測し、同時に自己の心を客観的に把握しながら、コミュニケーションをとるのです。

定型発達の人は自然に「心の理論」やメンタライジングが発達するので、これを「当たり前」だと感じています。しかし、発達障害やギフテッドの人の場合、発達段階が定型発達の人とは異なり、これらの発達に遅れが生じます。彼らには当たり前のことではないのです。

発達の遅れはいずれ追いつくかもしれませんが、彼らがこうした能力を獲得する時期には、すでに小学校にあがり、人間関係は複雑になり、学業も忙しくなっています。保育園や幼稚園でこれらの能力を訓練し、定着させてきた定型発達の子とは状況が違います。発達障害やギフテッドの子が「心の理論」やメンタライジングを訓練する機会、時間が、圧倒的に足りません。

これらの能力が未熟なまま、中学・高校へと進学し、社会に出ていくため、社会性の問題で生きづらさを感じざるを得なくなるのです。

次の章で具体的に
ASD、ギフテッド、ADHDの
子どもたちの発達の違いを
解説していきます。

Part2

つまずきを放置しない！

親が発達段階ごとの壁を越えるサポートをする

発達障害やギフテッドの
子どもたちの発達段階は
定型発達の子どもと異なります。
いつどのタイミングで
どういう力を獲得するのかを理解し、
適切にサポートする必要があります。

発達段階の違いをふまえ、社会性不足をサポートする

特性を理解してサポートする

ASD とギフテッドには「心の理論（P28）」の遅れが見られます。ADHD では発達の遅れはありませんが、その特性により自律・自制が苦手で、社会性を育むことが困難です。表面的な技術で社会性向上を目指す前に、発達の遅れを補い、社会性の土台をつくる必要があります。

8歳のときの“みんな”との関係

ASD “みんな”の存在にやっと気づき始める

ASD は３～４歳頃にならないとアタッチメント（P26）が形成されず、「心の理論」が発達するのは８歳頃。定型発達の子どもの就学の段階では、他者の心が理解できるのに、ASD の子は社会性が未熟なまま学校生活を送ることになってしまう。

ギフテッド　“みんな”に合わせるのはばかばかしい

認知脳が発達し、記憶・学習に優れている。勉強の準備は早い段階で整うが、「心の理論」の発達は５～６歳頃で、就学時に社会脳は未熟な状態。成績は優秀でも根気強く努力できず、友だちともうまく関われない。

ADHD　“みんな”より自分の衝動が優先

発達段階は定型発達の子どもと同じで、アタッチメントの形成にも問題はない。しかし、衝動性・多動性が高く自己抑制や自律が苦手。脳機能の問題により、興味・関心が次々に移る「マインドワンダリング状態」になりやすく、ひとつのことに集中できない。

【1～2歳までの発達段階の目安】

	6か月	1か月
定型発達	**共同注視** 同じ方向からいっしょにものを見ること。他者とつながりをもつ第一歩となる。	**視覚認知** 目から入ってきた情報を脳内で適切に処理し、ものを捉え、位置や方向を把握する力。
定型発達	**1歳までにアタッチメントを形成** アタッチメント（愛着・P26）を通じて、人への基本的な信頼感が育つ。養育者（親）にくっついて過ごすなかで絆を形成。思春期以降に自立して生きていく基盤になる。	
ASD	発達障害の背景に、脳内で感覚を統合する力の弱さがある。視覚認知が弱い子も多い。	視覚認知
ギフテッド	共同注視	視覚認知
ADHD	共同注視	視覚認知

ギフテッドやADHDでは、2歳までに目立った発達の遅れは見られません。しかし、視覚認知の弱さがあると、習得に時間がかかります。

ASD では、認知の問題から親への関心をもちづらいため、
アタッチメントの形成が困難。
ギフテッドや ADHD では目立った遅れは見られません。

2歳	9か月
社会的参照 新しいことに挑戦するときに、親や周囲の表情や反応を参照し、「よいこと」「わるいこと」を判断。 **自己意識** 外に向いていた目を自分に向けることで、自分の存在を意識する自我が始まる。自分がどんな人間かを考え始める。	**共同注意** 相手の注意が向いているところを理解し、そこに自分も注意を向けて共有すること。 **ミラーリング** 表情やしぐさなどをまね、お互いが同調していくことで、親密な関係を築いていく。
●視線が合わない ●ひとり遊びに夢中	●ハイハイによる親の後追いをしない ●親以外の人に預けても、ぐずらない
社会的参照 自己意識	共同注意 ミラーリング
社会的参照 自己意識	共同注意 ミラーリング

【 3～8歳までの発達段階の目安 】

5歳	4歳	3歳	

定型発達

心の理論（ToM）
ある状況の他者の言動から、他者の心を推測する。他者には他者の心があることがわかる。

自己主張
はっきりと自分の欲求や意見を表し、要求を通そうとする。

自己抑制
必要な場面で自分の気持ちを抑えることができる。

自律機能が発達していく

ASD

＼遅れ／

アタッチメントの形成
通常は1歳で身につく共同注視・共同注意・アタッチメントが、ASDの場合3～4歳の時期になる。

かんしゃくを起こす
ASDでは愛着形成の時期。周囲に気づき、自己主張も。かんしゃくを起こす子が多い。

ギフテッド

自己主張

自己抑制

＼早い／

学習レディネス
学習への心身の準備状態（P39）。

定型発達の子よりも1～2年遅れて、他者の心を意識するようになる。

ADHD

自己主張

自己抑制が困難
ADHDでは、自己抑制し、社会的に適切な行動をとる自律機能が育ちにくい面がある。ただ、4歳までは自己抑制の遅れの可能性もあるため、診断はこの時期以降になる。

がはっきりあらわれる

小学校入学（6歳）の頃までに、自分の感情を管理し、
周囲にも合わせていく自律機能が発達。社会に出る準備が整う。
発達に遅れがあると、自律できない状態で学校生活が始まってしまう。

8歳　**7歳**　**6歳**

他者と生活するなかで社会性を獲得

7～9歳頃までは落ち着いた時期。学校という社会で友だちや先生などといっしょに会話し、行動するなかで社会性を獲得していく。次第に自分がどういう人になりたいのかを考えるようになっていく。

学習レディネス

学びへの欲求が芽生え、学習に必要な集中力や知識、経験などがそろう学習準備状態。

遅れ

心の理論（ToM）

小学校中学年になる頃に、他者の心を意識するようになる。

●空気が読めない
●コミュニケーションがとりづらい

特定のジャンルで能力を発揮

●まわりとうまくやれず孤立しがち

遅れ

心の理論（ToM）

ADHDの衝動性・多動性には薬物療法が有効で、小学2年生の秋頃から始めていきます。

薬を使い、症状を抑える

集団行動が困難に

ADHDの特性（不注意・多動性・衝動性）

【 9～14歳までの発達段階の目安 】

11歳	10歳	9歳	

定型発達

自己有能感
自分が有能・有用だと感じられる。自分の存在が、他者の役に立っていると認識できる。

自己有能感への挑戦
自分の有能さをもって、苦手なことにチャレンジすることができる。

自己理解
自分自身の気質や性格、考え方、態度、行動などを深く理解し、納得して受け止めている。

ASD

発達の問題から前段階（P36 ～ 39）が未熟だと、自己理解以降の発達も進みません。同時にこれは他者理解の未熟さにもつながり、自分のこれからが描けず、挫折しやすくなります。

ギフテッド

自己有能感

自己有能感への挑戦

自己理解

ADHD

自己有能感

自己有能感への挑戦

自己理解

9歳以降は自己を深く理解し、まわりを参照し、まわりの協力を得ながら新しいことに挑戦。自分の将来像を描くようになる。14歳までに、自分を客観的に見るメタ認知の力を獲得する。

14歳	13歳	12歳

自分を客観的に見る力

メタ認知

自分が感じ、考えたこと（認知活動）を客観的に捉え、俯瞰した視点から自分自身の言動をコントロール。冷静に判断し、行動することができる。

11～18歳までに徐々に自立に向かう

思春期が始まることで、性ホルモンが上昇し、心身が不安定になりやすい。異性への関心や自意識の発達により、心理的な緊張が生まれ、はにかみや強い自己顕示欲があらわれる。同時に他者の目が気になるように。定型発達の場合は、自我が形成され、親から独立し、自立に向かう。

メタ認知

メタ認知の獲得には、周囲との関わり合いが不可欠。ギフテッド、ADHDの場合、認知的な遅れより、周囲との関係につまずく社会性の不足でメタ認知を得にくくなる。

メタ認知

ADHDの重症度にもよるが、適切な治療を受けなければ、メタ認知の獲得には時間がかかる。

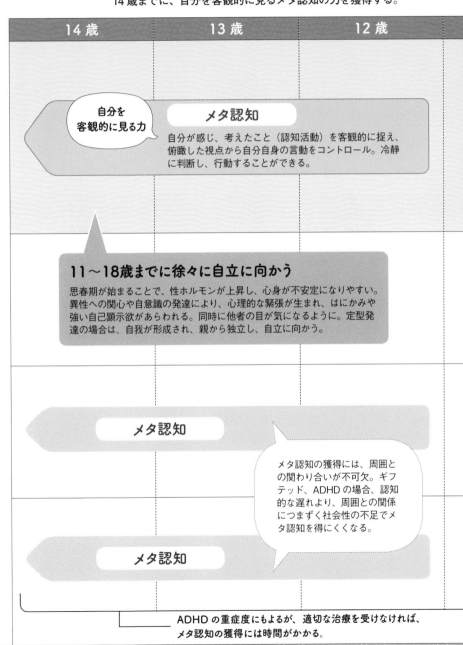

サポートの必要性

ほうっておいても社会性は育たない。適切な段階でサポートが必要

定型発達の子は就学までに「心の理論」を身につけ、メンタライジング能力も発達します（P30〜31）。一方で、発達障害やギフテッドの子は、この部分に遅れが見られます。

「10代の分岐点に立ち会えていたら……」

以前学会で、成人の患者さんをみる精神科医から「小児をみる先生たちはうらやましい」と言われたことがあります。適応障害やうつ病に悩む発達障害の患者さんを治療していると、「彼らが生きづらさを感じるようになる10代の分岐点に立ち会えていたら、適切な診療ができ、二次障害で苦しまずに済んだのではないか」と感じるそうです。

うつ病や適応障害の多くは、定型発達の社会で生きる際の人間関係の問題で生じます。それほど社会生活のなかで、人とうまくやっていく力は欠かせないのです。

社会性を自然に身につけられない発達障害の子どもも、発達の段階に応じた適切なサポートがあれば、社会性を底上げすることができます。だれかがそのタイミングを見逃さず、手を差し伸べることが重要なのです。親などの養育者や教員、養護教諭、小児科医は、彼らの分岐点に立ち会うことができる限られた支援者です。子どもの発達段階を観察し、発達の指標に比べて不足しているところを補う必要があります。

最終的にメタ認知の獲得が目標

心の発達における重要な目標のひとつがメタ認知です。メタ認知とは、自分の認知を客観的に捉え、考えたり判断したりといった自分の認知活動を俯瞰する力です。定型発達の場合、12～14歳頃自然に獲得します。

メタ認知ができるようになると冷静な判断や行動のコントロールができるので、集団のなかで適切にふるまって協調できるようになります。

メタ認知を発達させるためには、家庭のような同質の集団ではなく、学校のように自分とは異なる調和を持つ集団が必要です。さまざまな人たちとやりとりすることが、自分を客観的に眺める視点を育みます。

発達障害やギフテッドの子は、メタ認知に至るために必要なポイントを親や教師が認識し、意図的に補っていくことが大事です。

メタ認知が獲得できると……

自分自身を観察し、客観的に捉えられるようになると、自分の行動をふり返り、リアルタイムに軌道修正し、さらに目標を目指して前向きに進めるようになる。

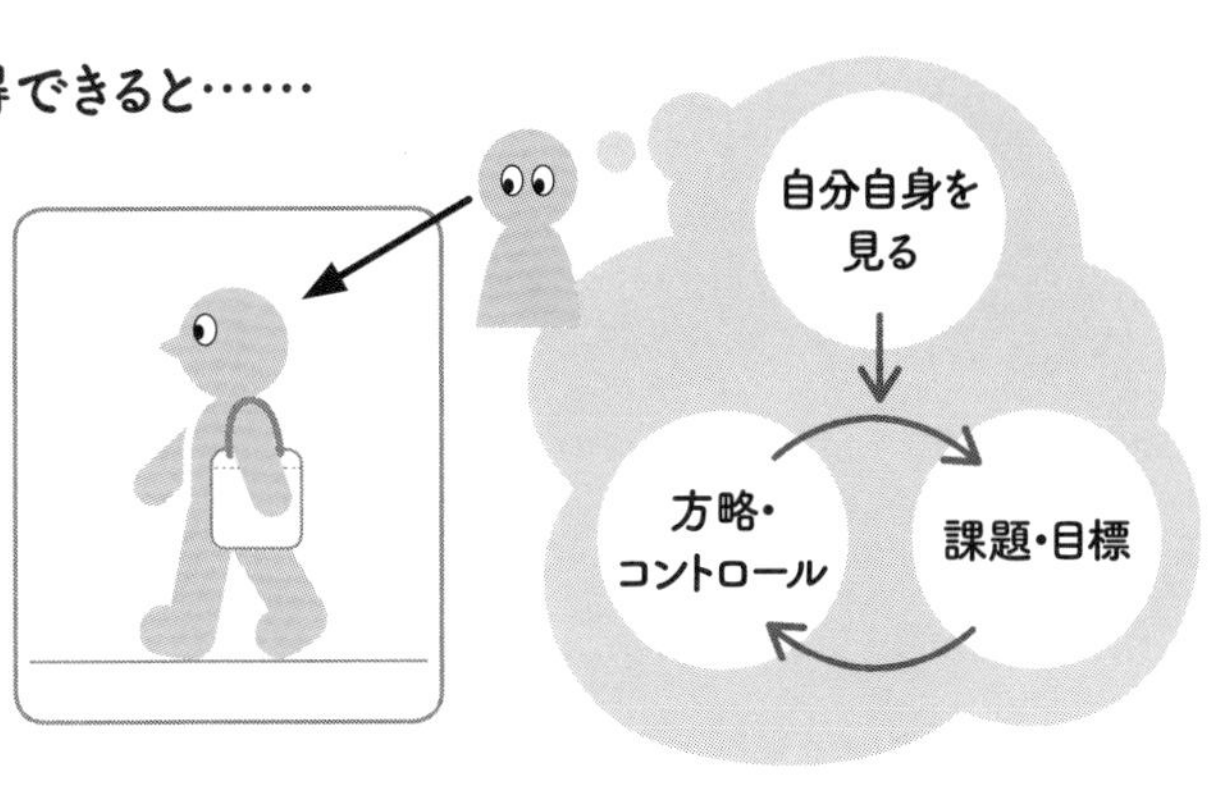

養育環境の変化❶

定型発達の子でも社会性の育成が困難な時代に

近年は、定型発達の子にも社会性の著しい低下がみられる場合があります。社会環境の変化が一因ではないかと考えられています。

アタッチメントは家族から身近な地域社会へ

子どもは4歳頃に親や家族との愛着を形成すると、愛着を身近な社会に求めていきます。つまりアタッチメントの対象は親などの養育者に始まり、家族、地域へと少しずつ範囲を広げていくのです。

このとき、とても重要な役割を担ってきたのが地域社会です。

日本には昔から地縁が深く、地域の人々がいっしょに活動したり行事を行ったりする習慣がありました。子どもたちは近所のおじさんおばさんと家族ぐるみでつき合い、家族以外の他者との身体的コミュニケーションが自然に行われていました。

また、日本はもともと同質性の高い社会ですが、地域社会ではさらに

「言わなくても互いに理解できる」ハイコンテクスト社会が成り立っていました。こうした社会は、しがらみも多く弊害もありましたが、子どもたちが安心してはじめの一歩を踏み出すのに絶好の環境だったといえるでしょう。

社会性を育む地域社会が失われた

ところが、日本社会は大きく様変わりしました。都市部を中心に地縁の絆が弱まり、地域で大人と子どもがいっしょに活動することも減りました。ＩＴ社会、グローバル化にともない、経済活動もコミュニケーションの方法も激変。経済社会の変化は、子どもをとり巻く世界にも影響を与えています。かつて路地裏や公園などを駆け回っていた子どもたちが、閉ざされた室内で限られた友だちとゲームなどで遊んでいます。核家族化が進み、自分の親以外の大人と交流する機会も少なくなっています。社会常識が変わったことで、近所の人でも、子どもの面倒を気軽に頼むことはできなくなりました。地域社会が失われつつあるいま、家族以外の他者と愛着形成することはハードルの高いものとなったのです。

発達に問題がないのに社会性が低い子が増えているのは、こうした社会背景によるものだと思われます。

子どもが近所の人に
遊んでもらうような時代は終わりました。
しかしそうした密接な地縁による社会が
養育の一部を担っていたのです。

養育環境の変化❷

地域社会が失われたいま、家庭と学校の役割も変化した

社会性を育んできた地域社会のつながりが希薄になったいま、子どもが社会性を身につけるために大人はどうすればよいのでしょうか。

「友だちの数は150人」と答える子ども

テレビ番組で、取材者が小学生の女児に「友だち何人いる？」と尋ねていました。するとその子は「150人」と答えました。いまの子どもたちは、友だちの定義が変化してきているのだろうか、と思いました。

友だちは「知り合い」ではありません。家族と知り合いの中間に位置し、家族には言えない話もこっそり打ち明けて相談できる相手です。「150人」の友だちのなかに、そういう存在は何人いるのでしょう。

子どもが学校に行く目的は、知識を得るためだけではありません。集団生活を通じて、他者とつき合っていく力を育むためでもあります。

小学校に入学し、子どもたちは本格的に「他者」と向き合います。

社会性とは、
人に合わせることではありません。
異なるハーモニーをもつ人同士が
新たなハーモニーをつくる。
新たなハーモニーを生み出すときに
発揮される力が社会性です。

家族のメンバーは家庭という場で過ごし、身体も感情も調和しています。家族は同じハーモニーをもつため、緊張せず過ごせます。

一方、学校には、異なるハーモニーをもつ子どもたちが集い、家庭にはない緊張感があります。子どもたちはその緊張感のなかでともに活動し、自分を伝え、相手を理解し、友情を育みます。

異なるハーモニーが混ざり合い新しいハーモニーをつくる。そんな特別な関係は、そうたくさんつくれるものではありません。「友だちが150人いる」という子は、悩みや苦しみは人に言わず、「いいね！」で結びついたやりとりに終始しているのではないでしょうか。

共同作業をして社会性を培う

社会が大きく変わってきたのなら、家庭と学校の役割をいま一度考えなおすべきです。発達障害やギフテッドはもちろん、定型発達の子どもにとっても、社会性はより重要になってきています。

仲間とひとつの活動や行事に参加し、いっしょに作業をしてなにかを達成するというプロセスを経験する。集団での共同作業という身体的コミュニケーションを意識的に行うことがとても大切なのです。家庭は学校と協力して社会性を培うサポートを行う必要があります。

社会性＝ハーモニーの融合

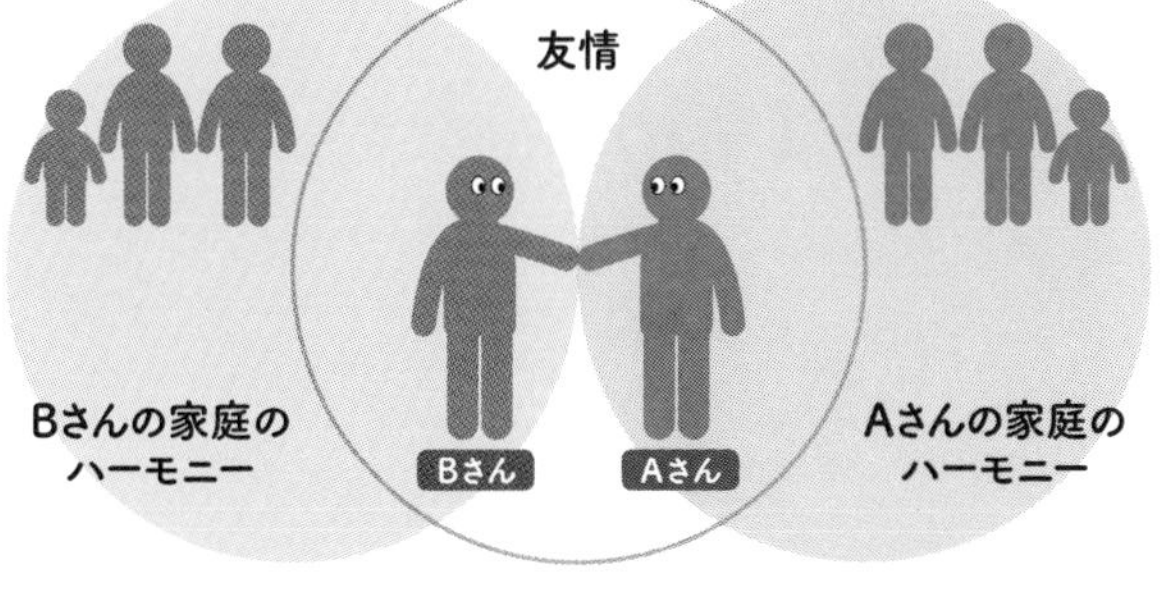
友情
Bさんの家庭の
ハーモニー
Aさんの家庭の
ハーモニー
Bさん
Aさん

SEL教育

科学的な根拠に基づく心の教育で非認知能力（EQ）を伸ばす

認知の発達段階をふまえた5つの能力を伸ばす教育

ＳＥＬとはSocial Emotional Learning（社会性と情動の学習）の略です。１９６８年イエール大学の教授が子どもの問題行動を減らすために始めた教育です。現在はアメリカを中心にイギリスやカナダで行われています。ＳＥＬが重視するのは非認知的側面の育成です。学校では一般に知識や記憶など認知的側面が重視されていますが、ＳＥＬでは認知能力とともに、感情や情動など非認知的側面を育てることが子どもの社会性を伸ばし、問題行動を減らすと考えています。

最近、日本でも注目され、ギフテッド教育に有効ではないかと一部で導入が始まっています。

ＳＥＬは科学的根拠に基づき重要な非認知的能力を５つ掲げています。くわしくは後述しますが、これら５つの能力はすべて認知的特性の

認知の発達段階と対応するSEL教育の5つの能力

1~2歳

アタッチメント（愛着）の形成

3~4歳

自意識が芽生え、自己主張・自己統制ができるようになる

1 自己理解

2 自己統制

SEL 教育で掲げる５つの能力は、子どもが 14 歳くらいまでに獲得する認知能力と対応する。アタッチメント形成（P26）は、この能力獲得の前提としても重要である。

発達段階をふまえたもので、発達障害やギフテッドの子に求められる社会性と合致しています。

ＳＥＬは学校教育と切り離して行われるものではありません。既存の教育プログラムにとり入れながら、生徒が自然に非認知的能力を育み、感情の制御や社会性を身につけることを目指しています。

社会性を伸ばすには学校だけでなく家庭や地域社会の協力も欠かせません。このため、アメリカでは近年とくに学校と家庭、地域社会がＳＥＬのテーマを共有し、連携しながら子どもをサポートしています。

自分と相手の感情を理解する社会性と情動の学習

アメリカではＣＡＳＥＬ《キャセル》という団体がＳＥＬの推進に努めており、ＳＥＬが提唱する５つの能力を次の枠組みで示しています。

❶自己理解（self-awareness）……自分を理解する力。自分の感情や考えを明確に理解し、根拠のある自信をもって自分自身の強みと限界を正しく認識できる。

❷自己統制（self-management）……自分で自分を制御する力。ストレスを上手に管理し、自分の衝動を制御し、目標に向けた動機づけをしながら主体的に努力できる。

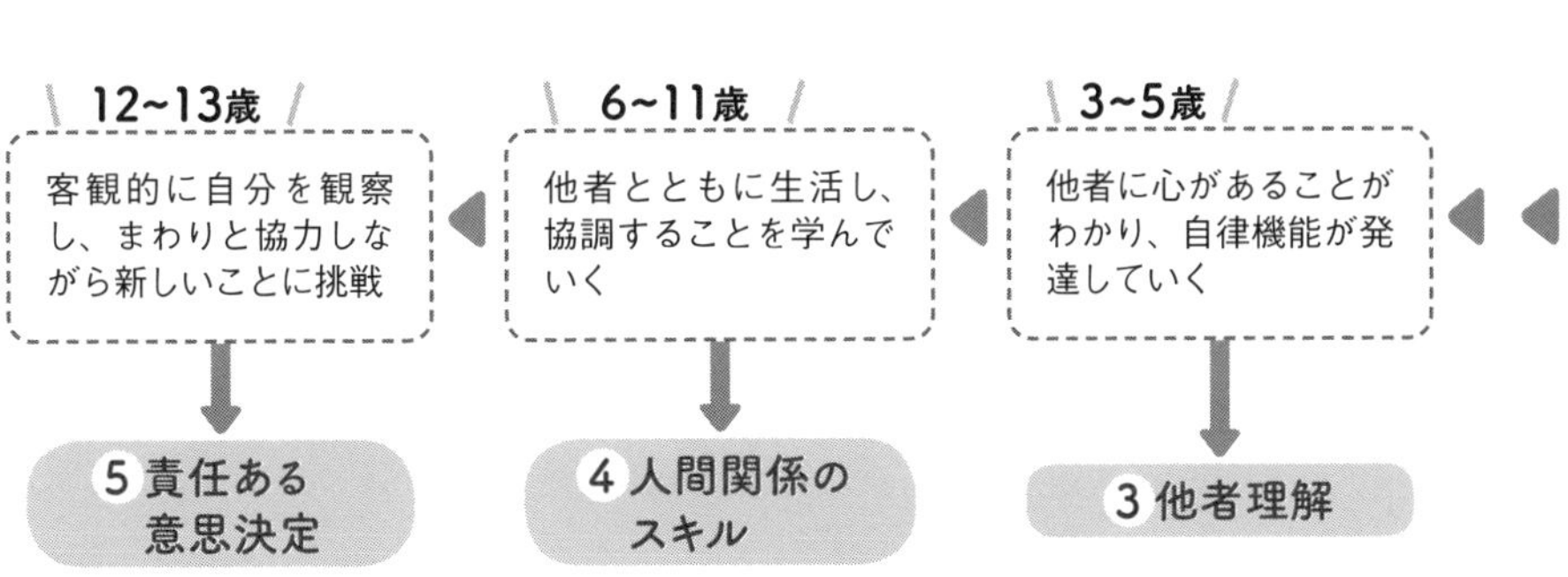
3~5歳
他者に心があることがわかり、自律機能が発達していく
3 他者理解
6~11歳
他者とともに生活し、協調することを学んでいく
4 人間関係のスキル
12~13歳
客観的に自分を観察し、まわりと協力しながら新しいことに挑戦
5 責任ある意思決定

❸他者理解（social awareness）……他者を理解する能力。多様な社会的背景をもつ他者の視点を理解し、共感できる。他者への思いやりや異なった文化や環境を理解する能力も含まれる。

❹人間関係のスキル（relationship skills）……多様な他者とコミュニケーションをはかりながら協力できる能力。他者の意見を聞いたりリーダーシップをとったり、必要に応じて他者に助けを求める能力も含む。

❺責任ある意思決定（responsible decision-making）……適切な意思決定をする能力。さまざまな状況下で倫理的・社会的規範に則った決定ができる。他者や集団の利益となるような思いやりのある判断が下せる。

ＣＡＳＥＬは、このような5つの能力を社会環境のなかで包括的に育成することが大切だとしています。

ギフテッド教育から始まり公共教育でも導入

ＳＥＬはＩＱ（知能指数）だけでなくＥＱ（Emotional Intelligence Quotient：心の知能指数）にも焦点を当てた教育法です。自己と他者を客観的に認識できるようになることによって感情や行動をコントロールし、社会性を育みます。当初ＳＥＬは高いＩＱ認知能力がありながらＥＱが低いギフテッドを対象としていましたが、やがて公立学校でも導

フィーリングトラフィックライトで感情を自覚

左図のフィーリングトラフィックライトはSELのトレーニングのひとつ。自分の感情を特定して言語化し、客観的に把握するために用いられます。信号機の赤は怒り、黄色は不安や警戒、緑は穏やかな気持ちを表します。感情をうまく言葉で表現できない子でも、色を指し示して他者と共有できます。また、自分の感情を認識することにより、それがどんな行動につながったかをふり返って理解できるようになります。

入が進みました。現在では幅広い教育環境で実践されています。

社会環境が大きく変化しつつある現在、求められる人間像も大きく変わってきています。どんなに知識が豊富で高い技術をもっていても、社会性が欠如していれば能力を発揮することは困難です。

こういう時代だからこそ、ＳＥＬのカリキュラムを学校教育に導入して子どものＥＱを伸ばす教育の必要性が高まっているのです。

SEL教育には発達段階の理解が不可欠

ＳＥＬは正しく行われれば、とくに発達障害やギフテッドの子にはとても有効な方法です。ＳＥＬの導入には専門知識をもつ指導者が欠かせません。ＳＥＬを効果的に運用するには、科学的根拠と子どもの発達段階の正しい理解が必要です。専門の指導者がその子の問題をきちんと理解し、発達段階を慎重に見極めながら個別に対応していかなければなりません。

表面的な知識だけで行うとマニュアル化してしまい、現在日本で行われているＳＳＴ（社会生活技能訓練）と大差なくなります。また、日本の公共教育の現場には、時間的余裕も人的資源も不足しているため、本格的な導入にはもう少し時間がかかるでしょう（Ｐ60）。

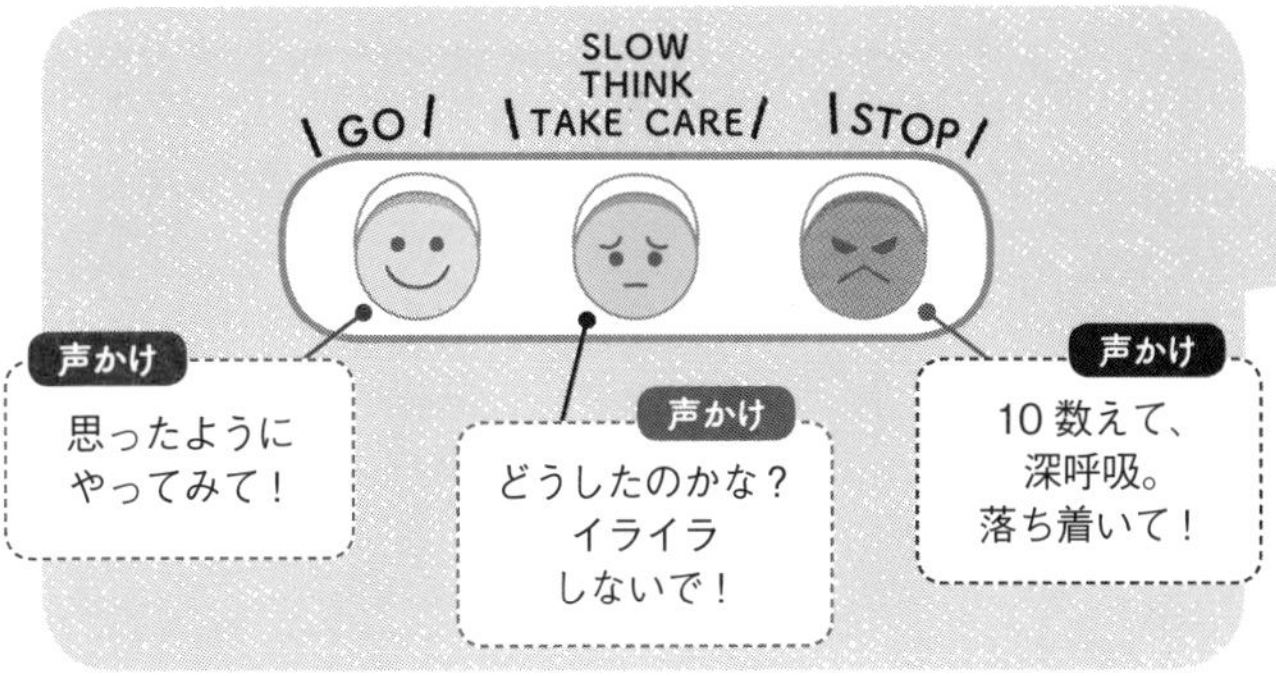

SEL教育が目指す能力と環境の関係（キャセルの輪）

さまざまな場面で５つの中心的な能力を育て、社会性と情動について全般的に学習していくことを「社会性と情動の学習」、５つの能力を身につけ、行使できるようになる過程を「CASEL（キャセル）」と呼ぶ。その関係性を示したものが「キャセルの輪」。

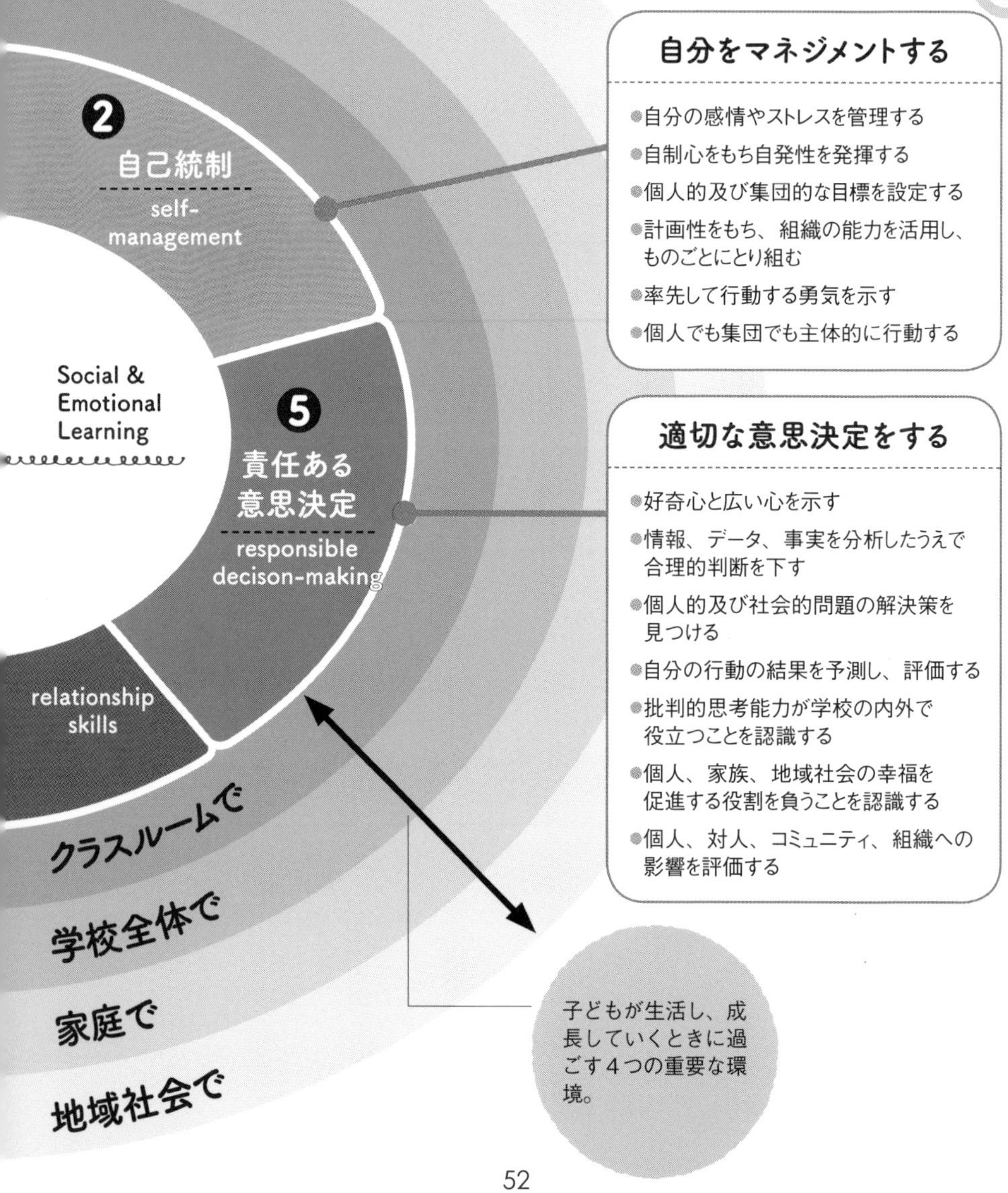

2
自己統制
self-management
Social & Emotional Learning
5
責任ある意思決定
responsible decison-making
relationship skills
クラスルームで
学校全体で
家庭で
地域社会で
自分をマネジメントする
●自分の感情やストレスを管理する
●自制心をもち自発性を発揮する
●個人的及び集団的な目標を設定する
●計画性をもち、組織の能力を活用し、ものごとにとり組む
●率先して行動する勇気を示す
●個人でも集団でも主体的に行動する
適切な意思決定をする
●好奇心と広い心を示す
●情報、データ、事実を分析したうえで合理的判断を下す
●個人的及び社会的問題の解決策を見つける
●自分の行動の結果を予測し、評価する
●批判的思考能力が学校の内外で役立つことを認識する
●個人、家族、地域社会の幸福を促進する役割を負うことを認識する
●個人、対人、コミュニティ、組織への影響を評価する
子どもが生活し、成長していくときに過ごす４つの重要な環境。

自分を理解する

- 自分自身、自分をとりまく社会や文化について理解している
- 自分の感情や価値観、思考を結びつけて考えられる
- 正直さ、誠実さを示し、偏見を検証する
- 自己効力感を体験し、興味と目的をもって前に進むことができる

他者を理解する

- 他者の視点をとり入れる
- 他者の長所を認識する
- 共感と思いやりをもち、相手の気持ちに配慮を示す
- 感謝の気持ちを伝える
- 不平等なものも含む多様な社会の規範を認識する
- 状況に応じた要求と機会を認識する
- 組織やシステムが行動に及ぼす影響を理解する

他者とうまくやっていく

- 効果的なコミュニケーションをとる
- 前向きな関係を築く
- 文化的な違いを超えて関係をつくる
- チームで協力して問題を解決する
- 対立しても建設的な解決策を見つける
- ネガティブな社会的圧力に抵抗する
- リーダーシップを発揮する
- 必要に応じてサポートを求めたり、提供したりする
- 他人の権利のために立ち上がる

学習機会の調整
実態をともなったパートナーシップ
学校の文化、教育実践、教育方針
SELの指導と学級の雰囲気
1
自己理解
self-awareness
社会性&情動の学習
3
他者理解
social awareness
4
人間関係のスキル

出典：casel wheel　https://casel.org/fundamentals-of-sel/what-is-the-casel-framework/

発達障害の子たちに 求められるスキルは 世界が求める子どもの未来像の 最重要項目だった

OECDが掲げた 2030年に求められる 社会・情動的スキル

SELが推進されるのと時を同じくして、OECD（経済協力開発機構）がOECD Education2030プロジェクトを発表しました。

これは、激変する時代のなかで「近未来に求められる人材とはなにか」また「その人材をどう育成すればよいのか」を議論する国際的プロジェクトです。

日本からも多くの政府関係者や研究者、教育関係者などが議論に参加し、貢献してきました。

気候変動やテクノロジーの進化、格差拡大や移民の急増など世界はグローバル規模で変化しフラット化しています。

いまや与えられた知識と既存の技術だけを学べばよいという時代ではありません。ボーダレスで答えのない課題を各々が自分ごととして捉え、他者と協力しながら解決していくことが求められています。

プロジェクトの成果としてOECDは学びの枠組み「ラーニングコンパス（学びの羅針盤）」を提示しました（P57）。

これは、たんなるカリキュラムや評価の枠組みではなく、学びの方向性を指し示すものです。

また、学習は学校だけで行われるものでなく、家庭や社会との連携が欠かせないことも示されています。

なかでも着目すべきは、プロジェクトが重視する能力です。

言語や数学などの認知的スキル

SELの理念の上位にあるのが
このOECDのプロジェクト。
個人の幸福だけでなく、
社会の幸福も
同時に実現することを
目的にしています。
世界が目指す教育意識の
高さに驚かされます！

【2030年のメガトレンド】

社会における変化

移民の増加、地球環境の変化、自然災害の増加、政府に対する信頼感の低下、テロやサイバー災害の増加、地球規模のトレンドであるデジタル化、人工知能の発展

経済面での変化

経済の格差の拡大、雇用のオートメーション化、失業率の増加

個人レベルでの変化

家族の形態の変化、肥満や自殺の増加、政治の市民参画の低下

だけでなく、SELが重視してきた共感性や自己管理能力などの社会・情動的スキルが指摘されているのです。

　OECDのプロジェクトとSELの理念が重なったというのは非常に興味深いことです。

　発達障害やギフテッドの子どもたちに必要とされる非認知的・包括的能力は、近未来社会で定型発達の子どもにも求められる能力だということなのでしょう。

一人ひとりが羅針盤を頼りにして自律的な学びを進める

　ラーニングコンパスは、生徒が個人のウェルビーイングと集団や社会のウェルビーイングに向かって進むための羅針盤です。

　ウェルビーイングは一般に「幸福」と訳されますが、OECDでは物質的な幸福にとどまらず、健康や環境など生活の質の要因を含む総合的な幸福と定義しています。

　羅針盤の中核となるのがコンピテンシー（資質・能力）です。コンピテンシーは知識、スキル、態度、価値観という4つの基礎的資質で構成されています。

　OECDのビジョンでは、生徒はこれらの資質を使って将来を切り開き前進します。それと同時に、生徒は学びによって自ら資質や能力を変化させ伸長させていきます。

　知識やスキル、価値観などは先人から与えられ固定されたものではなく、生徒の歩みとともにアップデートされていきます。

【2030年までに必要とされる能力】

□身体・実用的スキル

新しい情報通信技術機器の利用のスキルなど。

□社会・情動的スキル

自己意識、自己調整、モチベーション、共感性、社会的スキルなど。

□認知的スキル

言語や数学、推論や獲得した知識の活用を可能とする思考の方略のこと。また、メタ認知により自らの学習について自覚しコントロールしている状態。スキルの更新と総合的スキル。

□スキルの類型

プロセスを実行する力。また目標達成のために、自分の知識を責任ある形で活用する力。

生徒は教師に導かれるのではありません。一人ひとりが目的意識をもち、自分の責任で意思決定しながら自分や社会のウェルビーイングのために行動します。プロジェクトではこれを「生徒エージェンシー（主体的に学ぶ生徒自身）」と呼んでいます。

このとき支えになるのが学びの羅針盤「ラーニングコンパス」です。生徒は羅針盤を頼りに自分で考え、自分の知識や価値観をアップデートさせながら歩きます。こうした自律的態度によって新たな課題を解決する革新的な力が生まれるのです。

くり返し学習することで個人も社会も幸福度が高まる

学びのプロセスでは、見通し(anticipation)、行動(action)、ふり返り(reflection)というAARサイクルが重要です。

計画を立てて実行し、経験をふり返り、それをもとにして次の計画を立てるというプロセスです。このくり返しが一人ひとりのコンピテンシーを醸成します。

OECDは学習の枠組みとしてラーニングコンパスを示していますが、これはあくまでひとつの基本的枠組みです。

生徒にはそれぞれ異なった個性や価値観、幸福感があるので、歩みの速さや道筋は異なります。

生徒一人ひとりが自分に合ったコンパスをもち、社会のウェルビーイングという共通の目標に向けて歩んでいくことが望まれます。

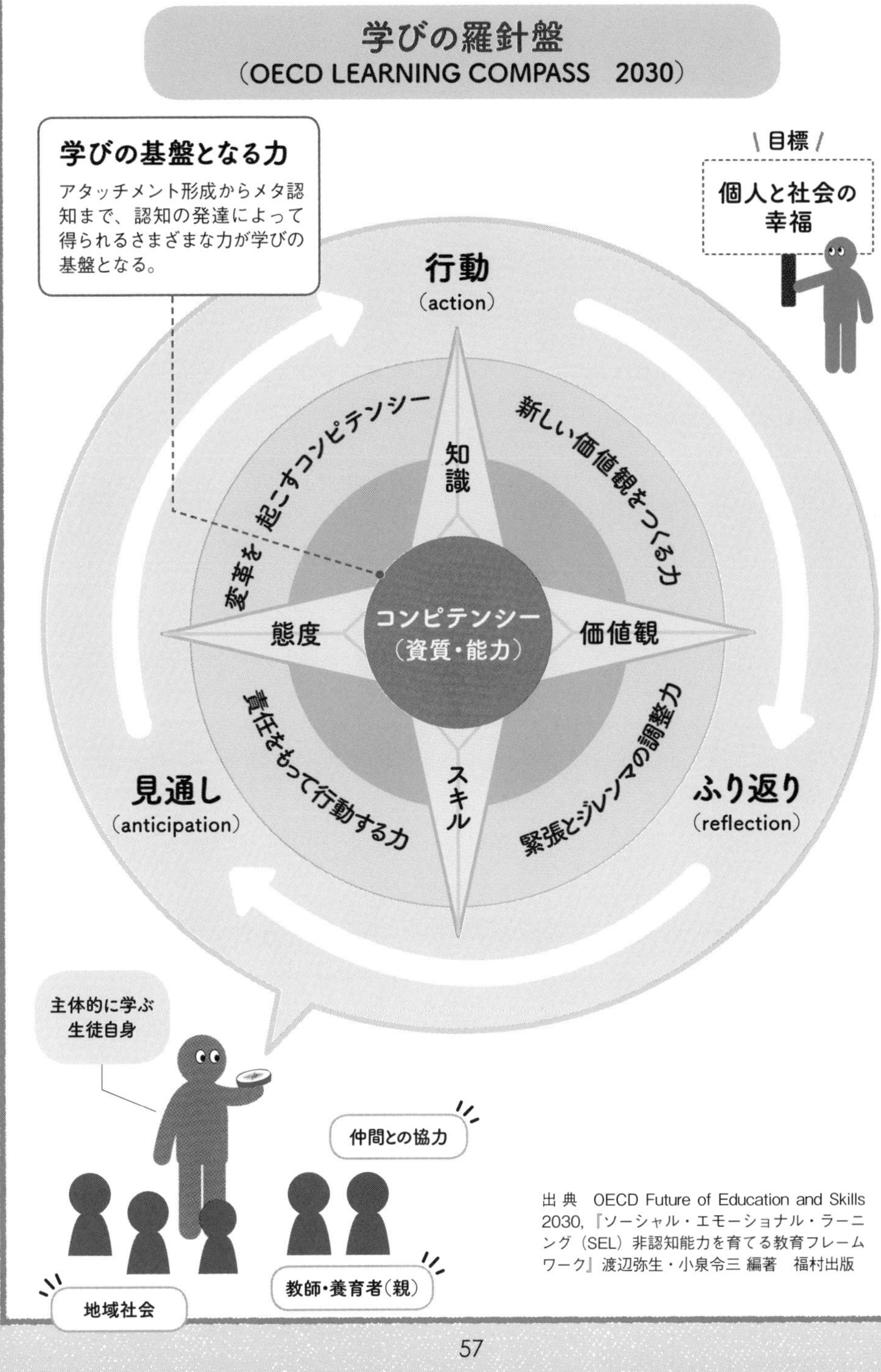
学びの羅針盤
（OECD LEARNING COMPASS　2030）
学びの基盤となる力
アタッチメント形成からメタ認知まで、認知の発達によって得られるさまざまな力が学びの基盤となる。
目標
個人と社会の幸福
行動
（action）
ふり返り
（reflection）
見通し
（anticipation）
新しい価値観をつくる力
緊張とジレンマの調整力
責任をもって行動する力
変革を起こすコンピテンシー
知識
価値観
スキル
態度
コンピテンシー
（資質・能力）
主体的に学ぶ生徒自身
仲間との協力
教師・養育者（親）
地域社会

出典　OECD Future of Education and Skills 2030,『ソーシャル・エモーショナル・ラーニング（SEL）非認知能力を育てる教育フレームワーク』渡辺弥生・小泉令三 編著　福村出版

Doctor's VOICE

人には生涯にわたり安定的なアタッチメントが必要

アタッチメントの対象は親に限らない

アタッチメントは親に限らず祖父母や保育者など特定の養育者でも可能です。

そもそもアタッチメント理論は、イギリスの心理学者ボウルビィが、乳児院の子や戦争孤児が問題を起こすのは、養育者と特別な関係を築けなかったことが原因ではないかと考えたことから生まれました。

また、アメリカの心理学者ハーロウは、有名なアカゲザルの実験を行いました。

赤ちゃんザルをミルクの出る針金製の人形と、ミルクは出なくてもしがみつくことのできる布製の人形で育てたところ、サルは布製の人形にしがみつくことが多かったといいます。

針金の人形で育てられたサルはおびえて群れになじめず、長く生きられなかったそうです。

つまり心の安定と成長には、漫画スヌーピーに出てくるライナスの毛布のように「しがみついて安心できる対象」が必要だと考えられるのです。

大人になってもアタッチメントは必要

アタッチメントは大人になってから他者との関係を築くうえで大切な土台です。発達に問題がある人はアタッチメントが築けず、対人関係に問題が生じます。パーソナリティ障害との関連も指摘されています。

定型発達の人でもアタッチメントが築けないまま大人になると、対人関係や夫婦関係のトラブルを生じやすくなります。

ただし、大人になってからでも、内省やメタ認知などをやりなおしてアタッチメントを形成することは可能です。

Part3

家庭で育む社会性12のトレーニング

自分を理解し、好きになり、他者とうまくやっていく

社会性と情動のスキルは
ほうっておいても得られません。
とくに発達に問題がある場合、
親が意識的に関わることで
未熟な認知能力を
開発していくことが大切です。

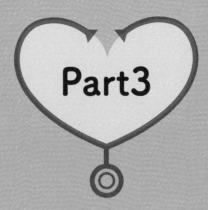

親は「ドラえもん」になって家庭で社会性を底上げする

小学校も中学校も社会生活を営むために必要な資質・能力を育てる場だとされていますが、現実的には学力重視の傾向が強いのは否めません。

表面的な技術では、能力は身につかない

発達障害やギフテッドの子どもたちに必要とされる、対人関係でのふるまい方や社会生活で必要なスキルの育成は、通常のクラスではフォローしきれません。そのために支援学級などで個別にＳＳＴ（社会生活技能訓練）を学習しますが、さまざまな場面でそれを応用するまでにはなかなか至りません。マニュアルを自分のものにするためには、やはり社会生活のなかで、多くの人、多くの場面を通じて実践し、自分自身を変えていかなければなりません。

Ｐａｒｔ２で紹介したＳＥＬ教育では、子どもの発達段階と社会性の関係を科学的に分析し、エビデンスに基づいて発達をサポートします。

それにより子どもは「自己理解」「自己統制」「他者理解」「人間関係のスキル」「責任ある意思決定」といった能力を身につけることができます。自己変革を促し、社会性を育むことを目指すメソッドです。

発達のプロセスをふまえて、子どもへの接し方を変える

ＳＥＬ教育では、愛着形成や心の理論、メンタライジング（自他の心を感じ考える力・P30）の習得という個々の発達のプロセスをふまえた教育が行われています。そのため、自己変革を促すことができます。しかし日本の教育現場では、一人ひとりの発達プロセスを細やかに見て訓練していきたくても、費やす時間も人手もお金もないという厳しい現実があります。具体的なプログラムがＳＥＬ教育とよく似ているＳＳＴがマニュアル的な学習にとどまってしまうのはこのためでしょう。

状況が許さないなら、せめて各家庭でＳＥＬ教育の理論を応用し、実践してみてはどうでしょうか。発達の遅れを補うために、この章ではどんなトレーニングをすればよいのかを紹介していきます。アタッチメント形成からメタ認知まで、目的を意識しながら子どもへの接し方を変えていくことで、根本的な自己変革を促すことができるはずです。

まず、いまの時点でのわが子の状態を、親がよく観察することが大切

発達障害、ギフテッドの子たちには、
まずは本人の発達の遅れを
フォローするところから
始めることが大切です！

です。発達障害やギフテッドの子どもはPart2で述べたように発達段階が定型発達とは異なります（P34）。そのうえでなにができていて、なににつまずいているのかを観察し、個別に対応していきます。

親子間の信頼の基盤ができているのか？

たとえばASDは、その特性に社会的なふるまいやコミュニケーションの困難さが挙げられます。おもな原因は、脳機能の問題から、そもそもまわりに関心を抱けず、アタッチメント形成が遅れることにあります。その遅れが社会性の基盤となる「心の理論」の遅れになり、自分と他人との関係をつくることを難しくしています。8歳でようやく他者の心の存在に気づいても、定型発達の子どもたちは、それより4年も前に社会性の基盤を獲得し、4年かけて社会性を訓練しているのです。そのギャップを抱えつつ定型発達の世界でともに生活することの大変さはイメージできるでしょう。

ほかの発達障害やギフテッドの子どもも同じように発達段階の違いによる困難さを抱えています。特性のあらわれ方は違えども、社会生活上必要となる能力の基盤は、やはりアタッチメント形成にあります。

サポートの必要度

チラ見の意図に気づく　低

たとえば親が時計に視線を送るだけで、その意図を察知することできる。

サポートの必要度

言葉以外の表現で気持ちや意図を察知できるかどうかでサポートの仕方も変わる。ASDの子はとくに言外の表現から察するのが苦手なのでより手厚いサポートが必要になる。

親は「ドラえもん」になったつもりで声かけを

たとえばわが子が8歳だったとしても、声かけしても気づかない、そもそも本人の視野に親が入っていないようなら、赤ちゃんにするように、「子どもの視線を追い、同じ対象物を見ながら話す」ということをくり返してみてほしいのです。また、発達に遅れのある子は「自分」に気づくことが遅く、自分の感情をコントロールし、自分の状態に気づくことができません。赤ちゃんの泣き顔を見て「おなかがすいたんだね」と声をかけるように、「いまどんな気分？」「宿題がうまくできなくてイライラしているの？」と感情を言語化するようなサポートも必要です。

親御さんにはよく「のび太を見守るドラえもんをイメージして」と伝えています。ドラえもんは、のび太の傍らにいて「なにに困っているの？」と尋ねながら、のび太が自立するために道具を出してサポートします。同じように、親が傍らで声をかけることで、子どもが自分の感情を言語化し、自分を客観的に見られるように促していきます。

できないことがあれば、手順を細かくステップわけし、ひとつできるごとにほめ、何度もトライさせます。そうやって遅れを少しずつ埋めていくことが、じつは社会性獲得の近道なのです。

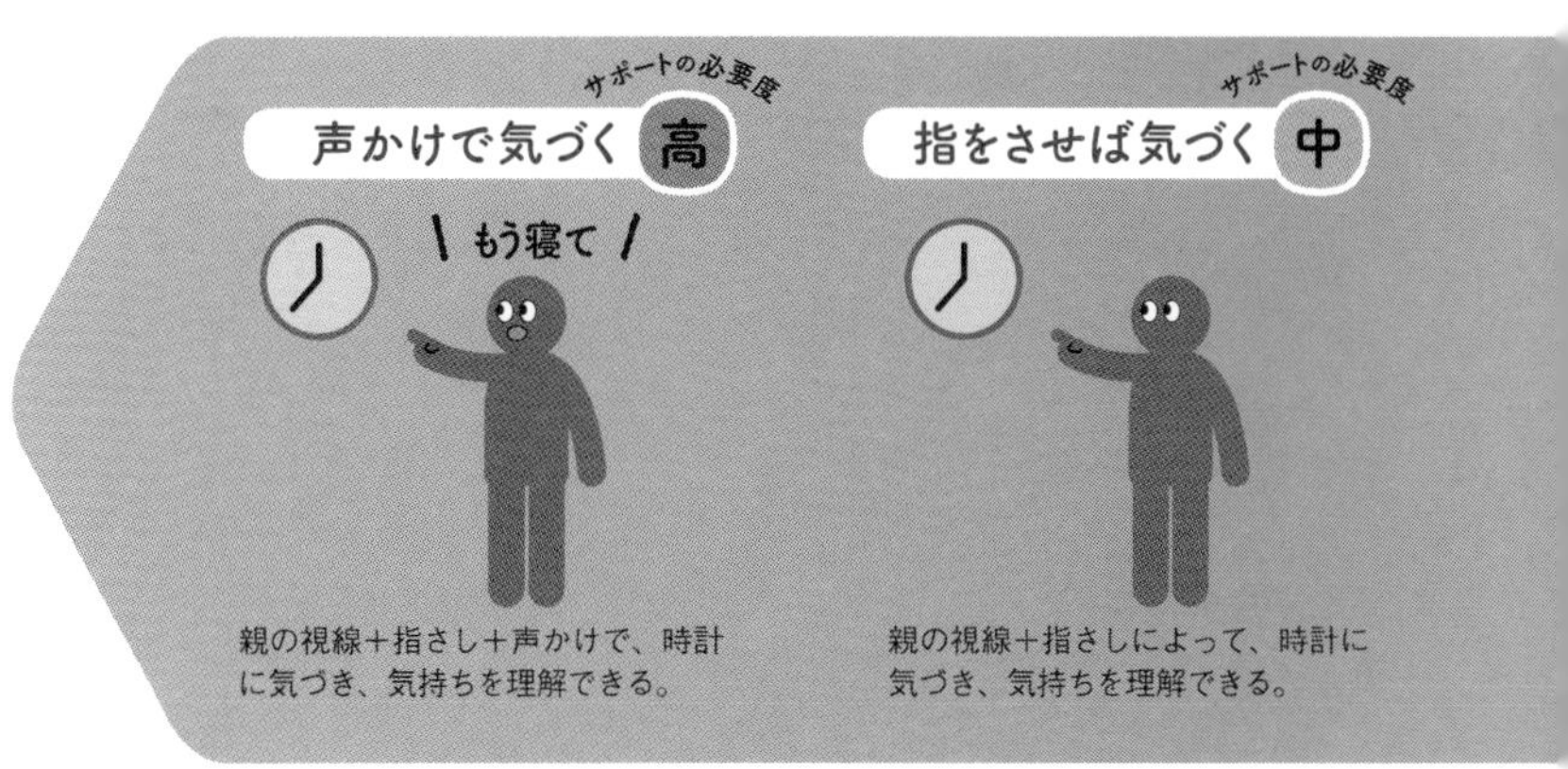
サポートの必要度
声かけで気づく　高
もう寝て
サポートの必要度
指をさせば気づく　中

親の視線＋指さし＋声かけで、時計に気づき、気持ちを理解できる。

親の視線＋指さしによって、時計に気づき、気持ちを理解できる。

同じものをいっしょに見て、ひとつの世界を共有する

生後まもなく赤ちゃんは対象を視覚で捉え、目で追う「視覚認知」ができるようになり、生後9か月頃までには親子で同じものを見る「共同注視」ができるようになります。

同じものをいっしょに見る「共同注視」はアタッチメント形成の第一歩です。同じ対象物に親子で持続的に視線を注ぎ、ひとつの世界を共有できるようになるからです。共同注視を経なければ、自分と他者の存在に気づかず、他者の心も理解できません。

とくにＡＳＤの子どもは親となかなか視線が合わず、共同注視が遅れるのが特徴です。子どもが親と視線を合わせられない場合は、まず共同注視から始めてください。親子が正面に向き合うのではなく横並びになり、目の前の対象物をいっしょに見ます。

子どもが対象物を見ようとしないときは、指さしなどのボディランゲージで同じものを見るように誘導してください。

こんな子にぜひ！

- □ASDまたはその傾向がある
- □アタッチメントが不足している
- □視線を合わせるのが苦手
- □雑談が苦手

対象物を交えて世界を共有する

子どもと同じ側にまわり、同じものを見る。視線が向かないときは、指さし、声かけで、本人の視線を誘導する。

POINT

ワールドをつくる

対象物に親と子が視線を送ることで、ひとつの世界をつくる。

POINT

対象物は離して

対象物が近すぎると、対象しか見なくなる。対象物はある程度離して置く。

Let's try

会話をしてみよう

同じモノを見ながら、それについての会話をしてみよう！（P69）

同じ対象を見る

POINT

視線を誘導

本人の視線を、指や言葉を使い、対象物に誘導していく。

トレーニング❷　ミラーリング

鏡のように、相手のまねをし、心と体を調和させていく

子どもは親の表情や行動をまねしながら親の情動を共有します。これをミラーリングといいます。ミラーリングは言語習得以前に身体的コミュニケーションとして行われ、親子の信頼関係の土台をつくります。また、他者に共感するためには不可欠な能力で、「心の理論（P28）」やメンタライジング（P30）の第一歩にもなります。家族が言葉を交わさなくても、同じ場にいるだけで安心した気持ちになるのは、メンタライジングによる調和が機能しているからです。こうした調和の力は、他者との友情、愛情へと発展していきます。

ＡＳＤの人はミラーリングに関わる神経細胞（ミラーニューロン）の活動が異なり、ミラーリングが苦手です。親が子どものまねをし、子どもと同じ世界で、表情やしぐさをまねる。自分の身体に子どもの感情を映し出す。そうやって親子が同じ世界を共有できるようにトレーニングしてみましょう。身体的な理解力や、感覚を統合する力も育まれます。

こんな子にぜひ！

- □ASDまたはその傾向がある
- □アタッチメントが不足している
- □親子の信頼関係を深めたい

身体的ハーモニーと共感の基盤をつくる

子どものしぐさや表情、声、言葉をまねる。向かい合わせよりも同じ側に立ち、鏡などに映すほうが伝わりやすい。

POINT

言葉を添える

まねしながら伝えたい言葉を添えると、本人は理解しやすい。

POINT

同じ側に立ちまねをする

最初は同じ側に立ち、鏡などに映してまねる。慣れてきたら向かい合わせで。

Let's try

まねっこ遊び

表情やしぐさだけでなく、面白いポーズをしあう、ダンスをするなど、遊び感覚でやってみよう！

トレーニング❸　共同注意

ものを介して、お互いに注意を向け合う

親子のあいだにものがあるとき、親は子どもとものに、子どもは親とものに視線を分散させます。親と子はお互いの視線を意識しながら視線を交差させたり重なり合わせたりして情動を共有します。これを「共同注意」といいます。

こうした情動の共有において視線は重要です。人はアイコンタクトで情報を伝えるからです。一方がまばたきすると、相手はその0.2〜0.5秒後にまばたきするとされ、このズレが相互理解を深めるといわれています。

ＡＳＤの子どもは「視線ベクトル（視線がこちらに向いていることに気づくこと）」に恐怖感があり、相手の視線を避けるのでうまく意思疎通ができません。このようなときは親子で共同注意をしてアイコンタクトの練習をしましょう。子どもとのあいだにものを置き、同じものを見て視線を交差させます。子どもの表情やしぐさをまねするミラーリングを行いながら、子どもと同じ世界で情動を共有する練習をしていきます。

こんな子にぜひ！

- □ASDまたはその傾向がある
- □アタッチメントが不足している
- □親子の信頼関係を深めたい
- □目と目を合わせるのが苦手
- □コミュニケーションが苦手

一方通行にならない会話をする

両者のあいだに共通の話題となるものを置き、お互いの視線を交わし合いながら、ものを介して会話をする。

POINT

同じ側に立つ

最初は子どもと同じ側から、子どもの視線を追うと、子どももまねしやすい。

Let's try

まばたきし合う

相手がなにか言い瞬目《しゅんもく》（まばたき）したら、その 0.2 ～ 0.5 秒後に自分が瞬目。これを交互にやってみると理解が深まる。

POINT

話題をしぼる

タブレットで旅行の画像を見ながら会話をするなど、テーマを設け、話題をしぼって話す。

ロボット ＋ 文字入力で意思疎通がラクに

　視線恐怖がある子でも、ロボットとなら視線を合わせられることがわかっています。またＡＳＤの特性により言語記憶が苦手で話の途中で混乱してしまう場合でも、キーボードを打ちながら話すようにさせると考えが整理できます。こうした方法は幼児に発達を促すために用いられますが、成長してからも有効です。

　大人になってからアイコンタクトが苦手だと感じる人もロボットとの練習で改善が期待できます。

トレーニング❹　社会的参照

周囲をうかがい、他者の気持ちを参照する習慣を身につける

新しい場所や状況に直面したとき、人は周囲の様子をうかがい、行動を調整します。これを社会的参照（Ｐ27）といいます。社会的参照は、人が安全に行動するだけでなく、集団のなかで適切にふるまうためにも大切な能力です。

人は幼児期から社会的参照を自然に身につけます。たとえば幼児は新しいものに出会ったとき、親の反応をもとに自分の行動を判断します。社会的参照の習得には、親など信頼できる大人との感情のやりとりが必要ですが、ＡＳＤの子どもは視線が苦手です。またＡＤＨＤの子どもは衝動性が強く、社会的参照をする前に行動してしまいます。

このような場合には、子どもが自然に注意を向けられるような身体的コミュニケーションを心がけます。子どもの名前を呼んでアイコンタクトをしたり、ハンドサインやボディランゲージなどで視覚に訴えたりすると効果的です。

こんな子にぜひ！

- □ASDまたはその傾向がある
- □親子の信頼関係を深めたい
- □コミュニケーションが苦手
- □危険かどうかを考えずに行動する
- □衝動性が強く、不注意
- □人の話を聞かない

わかりやすいサインを送る

なにかしている最中に意識をこちらに向けさせるには、わかりやすいサインを出す必要がある。視界に入る場所で、ハンドサインを出し、声をかける。さらにそのときの気持ちを言葉と表情にして伝える。

POINT

ハンドサインを示す

OK サイン、ハイタッチ、握手、できたら拍手など、できるだけ視覚的に伝わる方法で「OK」のサインを出す。

POINT

声かけをする

相手のことに気づけない子には、名前を呼び、アイコンタクトをとって、注意をひきつける。

ASD advice

見えていないなら、視界に入っていく

そもそもまわりが見えていないときには、座る場所を変えたり、顔をのぞき込んだりして、こちらから本人の視界に入っていく。

ADHD advice

夢中になったときには「ちょっと待って！」

作業に没頭している、別のことをしたくてソワソワしているときには「ちょっと待って」と声をかけ、深呼吸を促す。

トレーニング⑤ ラベリング

子どもの気持ちと行動を親が実況中継して自覚を促す

発達障害があると。感情をうまく言語化できず、手足をじたばたさせる多動が見られたり、怒りでかんしゃくを起こし、暴力をふるったりすることもあります。

自分の感情を自覚して他者に伝えられないことが原因です。子どもがいまの気持ちを客観視し、言葉に置きかえる（ラベリング）ようにサポートしましょう。

「悲しい」「イライラする」などと書いたカードを見せて「いまはどんな気持ちかな」と、子どもに選ばせたり、喜怒哀楽のマークや色を見せて指で示させたりすると感情をラベリングするのに役立ちます。

また「ブランコを譲ってもらえなくて悲しかったんだよね」というように、親が子どもの気持ちを傍らで実況中継するのも効果的です。子どもは親の言葉を通じて「自分はブランコに乗れなくて悲しかったんだ」と、状況や感情を言語化し、客観的に見られるようになります。

こんな子にぜひ！

- □ASDまたはその傾向がある
- □かんしゃくを起こしやすい
- □言葉がなかなか出てこない
- □疲れや怒りを自覚できない
- □自分の気持ちを伝えられない
- □いつもイライラしている
- □がまんしすぎてしまう
- □こらえ性がない

感情的なときに言葉を与える

いまの状況や本人の行動、気持ち、どうしてそうなったのか……いまそのときに起きている、子どもが自覚できない感情や状況に言葉を与えていく。

Let's try

「どんな気持ち？」と問いかける

ラベリングをくり返していくうちに、親から子どもに「いまどんな気持ち？」「どうしたらいいかな？」と問いかけて考えさせ、自分のことを説明できるようにする。

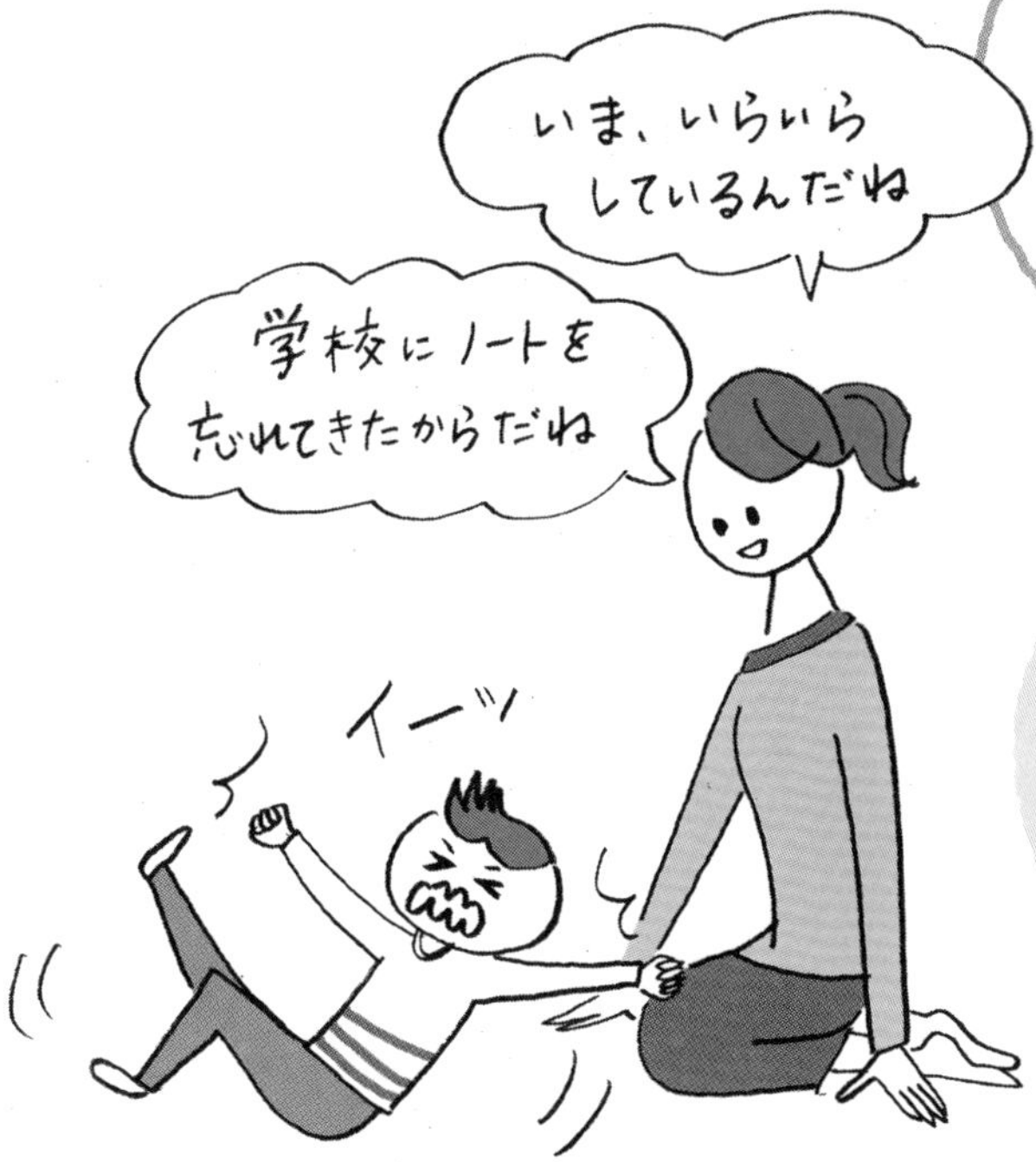
いま、いらいら
しているんだね
学校にノートを
忘れてきたからだね
イーッ

POINT

背後から実況中継

子どもの背後にまわる。子どもと同じ方向を向き、背後から言葉をかけていく。

POINT

スキンシップも大事

子どもの言動が、不安な気持ちから生じているときには、抱きしめるなどのスキンシップも大切。

落ち着く方法をいっしょに考える

　イライラしているとき、興奮しているとき、どうすれば気持ちを落ち着かせることができるのか、本人に合った方法を探します。

　たとえば、深呼吸をする、水をひと口飲む、10 数えるなど。親子でいろいろな案を出してみるといいでしょう。

トレーニング⑥　ポジション交換

相手のいる場所に座り、相手の心をイメージする

人とうまくコミュニケーションをはかるには、相手の立場に立って気持ちを想像し、理解する能力が欠かせません。この能力を高めるために使われるのがポジション交換という技法です。

この技法はもともとアメリカで行われていた心理療法（ゲシュタルト療法）のエンプティチェア（空の椅子）から生まれたものです。まずふたつの椅子に自分と相手が座り、相手に自分の気持ちを伝えます。次に座る椅子を交換し、自分の伝えたことに対し自分が答えます。

相手がいない場合は、だれかがいるつもりになって話をし、次に空の椅子に移って自分の話に返事をします。椅子の代わりに座布団やクッションを使っても構いません。

実際に座る位置を変えると視点が変わるので、見方や考え方を変えやすくなります。とくに言語より視覚認知力のほうが強く、言葉からイメージすることが苦手な子どもには効果的です。

こんな子にぜひ！

- □ASDまたはその傾向がある
- □相手の立場や気持ちを想像するのが苦手
- □コミュニケーションが苦手
- □言葉でのやりとりがとくに苦手
- □なぜか相手を怒らせてしまう
- □話の意図がわからない

相手の椅子に座り、相手の心に気づく

親が伝えたいことが子どもにうまく伝わっていかないときに、親の座っていた椅子に座らせてみる。視点が変わることで、相手の気持ちに気づき、意図をつかむことができる。

POINT

向かい合う状態で意図を察するのは困難

もともと他者の気持ちをくみとりづらい子にとって、相手と対峙した状態で相手の気持ちや意図をイメージするのは難しい。

POINT

相手の世界に入り、理解する

相手のいた場所に移動し、視点を変える。相手の世界からものごとを見ることで、相手の意図に気づけるようになる。

Let's try

家庭以外でも応用してみよう

相手が怒ってなにかを訴えていても「意味がよくわからないな」と思うときには、このポジション交換をしてみるといい。

トレーニング⑦ 演技

その役になったつもりで演じてみる

ＡＳＤやギフテッドの子どもは「心の理論（Ｐ28）」の発達が遅く、自己の存在や他者の視点への気づきが遅れます。この能力が遅れると、自分以外の人といっしょにいても、まるで自分がいない舞台のお芝居を観ているような感覚をもち、すべて他人事のように感じます。

定型発達の子どもたちは、その場の状況を判断し、集団のなかでいまなにをすればいいかを察知して行動します。しかしＡＳＤやギフテッドの子は状況判断ができません。掃除の時間にフラッといなくなり、好きなことをしてしまうなど、「自分勝手」と批判されてしまいます。

集団のなかでうまくふるまうには、自分が「舞台」に参加するにはどうすればよいのかを考えることが大事です。**自分がいたい「舞台（現実の世界）」はどんな場所で、いっしょにいる人はどういう人たちなのかを考えます**。この舞台上で自分はなにをする役割なのかを考え、役を演じるように行動する練習をしていきましょう。

こんな子にぜひ！

- □ASDまたはその傾向がある
- □相手の立場や気持ちを想像するのが苦手
- □コミュニケーションが苦手
- □3人以上の集まりは苦手
- □話をあまり聞いていない

役を理解し「自分不在の舞台」に入っていく

発達障害（とくにASD）、ギフテッドの子は、その場の空気を読んで行動することが苦手。どういう役割をもってその場に加わればよいのか、役割を理解し、参加することが大事。

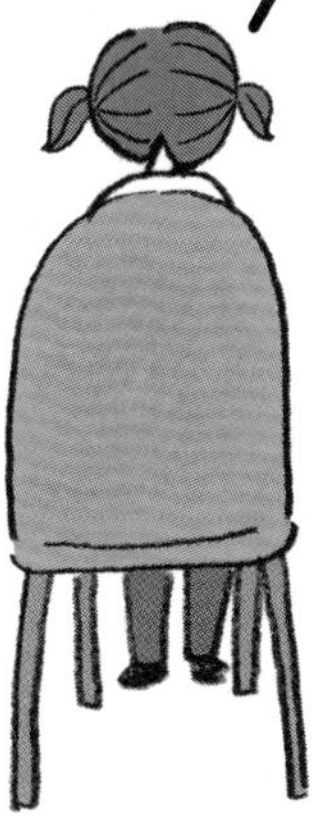

本人は自分が不在の舞台を眺めているような気持ち。参加するにはどう演じればよいのかを考える。

はき掃除の役割

❶放課後に
掃除スタート。

❷窓側から
ろうか側に向けて
ほうきで床をはく。

❸ごみを集め、
ちりとりで
ごみ箱に捨てる。

POINT

まねする対象を分析

いまこの場はどういう場所で、この人はどういう役割の人なのかを分析し、まねをする。

POINT

やるべきことを書き出す

やるべきことが決まっているなら、メモなどに書き出し、すぐ見られる場所にはっておくといい。

トレーニング❽　自己理解1

自分の得意、苦手を知り、自分がどんな人かを理解する

小学校中学年くらいになると、自分の得意・不得意、好き・嫌いがはっきりしてきます。しかし発達障害の子どもは9～10歳頃になるまでなかなか自分自身を理解できません。自己をモニタリングすることも苦手なので、たとえば体力の限界を超えて疲れているのに気づくことができず、倒れるまでクラブ活動をがんばってしまう……ということも。自分の状態、得意・不得意などの特性を理解することが大切です。

まず「得意なこと」「好きなこと」から見ていきましょう。なにをしているときに楽しくて夢中になれるのか、気分よく感じるのかを自分で見つけていけるようにします。考え方や態度・行動のパターン、気質上の特徴、価値観などを家庭で話し合えば自己理解がさらに深まるでしょう。

特性を言語化することは、自己を客観視するのにも役立ちます。また、まわりに自分を理解してもらい、必要なサポートや合理的配慮を得るセルフアドボカシー（自己権利擁護・P88）のためにも欠かせません。

こんな子にぜひ！

- □得意なこと苦手なことがわからない
- □好きなことがとくにない
- □他者の意見を聞かない
- □自分の体調の変化に気づかない
- □ストレスをため込みやすい
- □自分を「ダメな子」と言い出す

自分について考える

当てはまる言葉に○、当てはまらない言葉に×をつけてください。

	だれとでも仲良くなる		話が上手		聞くのが上手
	みんなと協力する		人の気持ちを想像する		人に親切にできる
	集中してとり組む		がまん強い		最後までやり抜く
	行動力がある		まわりによく気づける		ひとつのことにこだわる
	いろいろ興味をもつ		慎重に行動する		負けずぎらい
	決断力がある		責任感がある		くよくよしない
	明るい		もりあげ上手		面白い
	まじめ		しっかりもの		完璧主義
	手先がきよう		勉強好き		運動が好き
	図工が好き		音楽が好き		料理が好き
	ゲームが好き		________ ________ が好き		________ ________ が好き

POINT

- 上の表以外にも得意なことがあれば書き込む。
- 家族や友だちといっしょによいところを言い合ってみる。
- 好きなこと、得意なことはさらに深掘りしていく。
- どんな場面、どんな場所でよいところを発揮できるかも思い出してみる。

トレーニング⑨　自己理解2

よいところもわるいところも認め、自分を正しく捉える

「心の理論（P28）」が発達していくと、他者の心を考え、他者の目を意識するようになります。すると、友だちが自分に対して否定的な視線を向けていることに気づき、強いストレスを感じることがあります。

親は子どもからストレスサインが出ていないかに注意してください。

朝、登校前に具合がわるくなったり、「自分はダメな子だ」などと否定的な言葉を口にしたりしていませんか。友だちとケンカしてけがして帰ってくる、ゲーム・ネットがやめられなくなる、急に成績が落ちるなどの異変はないでしょうか。

このようなとき、子どもだけで自力で立ちなおるのは困難。親のサポートが必要です。人にはだれでも得意と不得意、長所と短所があることを伝え、「あなたはこれが苦手だけど、こんな得意なことがあるね」と、特性を理解する手伝いをしましょう。自己理解が深まるとともに、集団のなかで適切にふるまえるようになります。

こんな子にぜひ！

- □得意なことと苦手なことがわからない
- □好きなことがとくにない
- □他者の意見を聞かない
- □自分の体調の変化に気づかない
- □ストレスをため込みやすい
- □自分を「ダメな子」と言い出す

自分の得意と苦手の両面を見つける

【79 ページで○をつけたこと（得意・よいこと）をやりすぎたときのわるい面を考える。】

得意・よいこと	わるい面
《例》　慎重に行動する	不安があると行動できない

【79 ページで×をつけたこと（苦手・わるいこと）のよい面を考える。】

苦手・わるいこと	よい面
《例》　まわりに気づけない	ひとつのことに集中できる

POINT

- なにかが得意なぶん、苦手な面もある。
  得意だけで、よいことだけでできている人はいない。
- なにかが苦手なぶん、得意な面もある。
  苦手だけで、わるいことだけでできている人はいない。
- どちらも自分自身で、自分の個性だと理解する。

トレーニング⑩　自己有能感

ほめられることで人の役に立てると思える

自己理解が進んだら、次のステップは自己有能感です。自己有能感とは、自分が有能・有用だと思える感情です。「自分はだれかの役に立っている」「貢献できている」と認識できたときに感じます。

発達障害の子どもは自己有能感をもちづらいという特徴があります。ＡＳＤの場合はこだわりが強く完璧主義で、なかなか満足感を得ることができません。ＡＤＨＤの場合は、衝動性が強く、ひとつのことに注力できません。また、ギフテッドの場合は、人よりたやすくできてしまうので根気強く努力できません。いずれも、幼い頃から叱られることが多いため、自己有能感が低くなりやすいのです。

親は本人のよいところを見つけ、ほめることが大事です。「すごいからほめる」のではなく、「できたことをそのままほめる」ことを心がけてください。親にたくさんほめられると子どもの心には自己有能感が育ち、「もっと人の役に立ちたい」と思えるようになります。

こんな子にぜひ！

- □ストレスをため込みやすい
- □自分を「ダメな子」と言い出す
- □いつも叱られてばかりいる
- □前向きになれない
- □やる気がない
- □途中で投げ出してしまう

周囲の声かけで挑戦する気持ちを引き出す

本人がやりたいこと

苦手なこと

まわりがお願いしたこと

学びたいと思っていること

よい状態がつづいているとき、目標が達成できたとき

よくがんばったね！

できたことを評価するときにいちばん大事なのは、できばえや点数ではなく、やってきたプロセスをほめること。

前向きにとり組んでいるとき、貢献しようとがんばったとき

どうもありがとう！

人の役に立ちたいと行動したり、だれかのために努力したりしたとき、感謝の言葉を伝える。

失敗したとき、うまくできなかったとき、投げ出してしまいそうなとき

失敗してもだいじょうぶだよ。

練習だから、またやってみよう！

発達障害の子どもは、ほめられるよりも叱られる機会のほうが多い。失敗したときは、叱るよりも次のアクションにつながるように声かけをする。

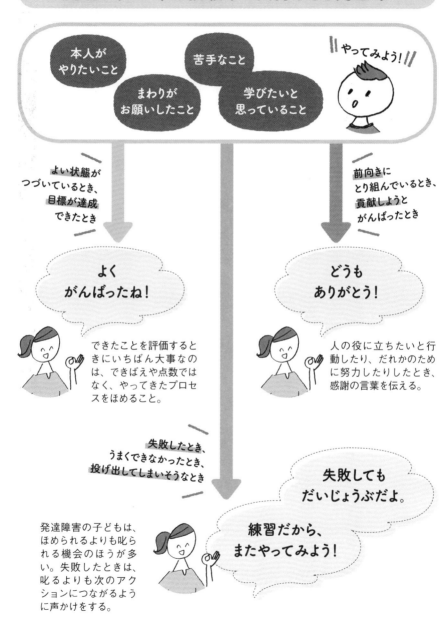

トレーニング⑪ メタ認知

みんなのやり方を参考にし、新たなことに挑戦していく

メタ認知とは自分の認知を客観的に捉える能力です。記憶する、感じる、考える、判断するなどの認知活動を自分がどのように行っているか、俯瞰的に把握する力です。メタ認知ができないと、人は計画的に行動して目標達成することができません。

ものごとを実行する際、人はまず自分の価値観に基づいて目標を立てます。次に計画を練り、実行後に周囲の意見を聞くなどしてふり返ります。そして明らかになった問題点を見なおし、計画を修正してふたたび実行します。こうした一連のプロセスを遂行するには、自分を客観的に観察するセルフモニタリングと、自分の行動パターンや弱点を上手に管理するセルフコントロール力が必要です。つまりこれらふたつの能力を高めることがメタ認知強化につながるのです。

生活のなかで目標設定・計画・実行・調整と再挑戦という流れをくり返しましょう。メタ認知が強化され、新たな挑戦につながっていきます。

こんな子にぜひ！

- □計画を立てるのが苦手
- □前向きになれない
- □途中で投げ出してしまう

メタ認知の力で目標を達成

目標＆計画を立て、挑戦した後にふり返り、ふたたび挑戦してみよう。

1. 大きな目標を決める

《例》将棋で初段になる

2. 小さな目標を決め、計画を立てる

《例》戦法をひとつずつ覚える

3. やってみてどうかな?

《例》戦法を覚えても本番ではうまくいかない

4. まわりはどうかな?

まわりはどんなことをしている?
《例》強い子は毎日詰将棋をといていた

まねできることはある?
《例》同じ本を買って毎日5問ずつとく

昔の自分と比べるとどう?
《例》強い人の戦法がわかるようになった

未来の自分はどう?
《例》戦法が使えれば、級があがると思う

5. いまの課題・新しく考えたこと

《例》サボる日があるから、時間を決めて練習する

目標の調整＆再挑戦（2に戻る）

これらをふまえて
新しい目標を
立てる!

トレーニング⑫　自立に向けて

投げ出さずに継続し、毎日の経験を積み重ねていく

かんしゃくを起こしやすいギフテッドの子が、小学校低学年のとき、クリニックに来ていました。あるときから来院しなくなり、数年を経て、卒業文集を手にクリニックにふたたびやってきました。

それは大学生が書いたかのように大人びた、すばらしい作文でした。「自分がどうやっていまの自分になったか」というテーマで、「人といっしょに行動する喜びを知った」「学校ありがとう」と書いてありました。支援級で出会った先生がよく指導し、友だちもできたそうです。

母親は「わざとできないことに挑戦させた」と話しました。好きなことはほうっておいてもやるので、あえてできないことをやらせ、60～70点を目指して努力させたそうです。子どもがかんしゃくを起こしても、「まあこれは練習だからね」と声をかけつづけたと言います。子どもはコツコツ経験を積みあげていくことに喜びを感じられるようになりました。なによりもそういう自分が好きだと思えるようになったといいます。

こんな子にぜひ！

- □ストレスをため込みやすい
- □疲れやすい
- □計画を立てるのが苦手
- □前向きになれない
- □途中で投げ出してしまう

自分の調子をモニタリングする

【 今日の調子は何点？ 】

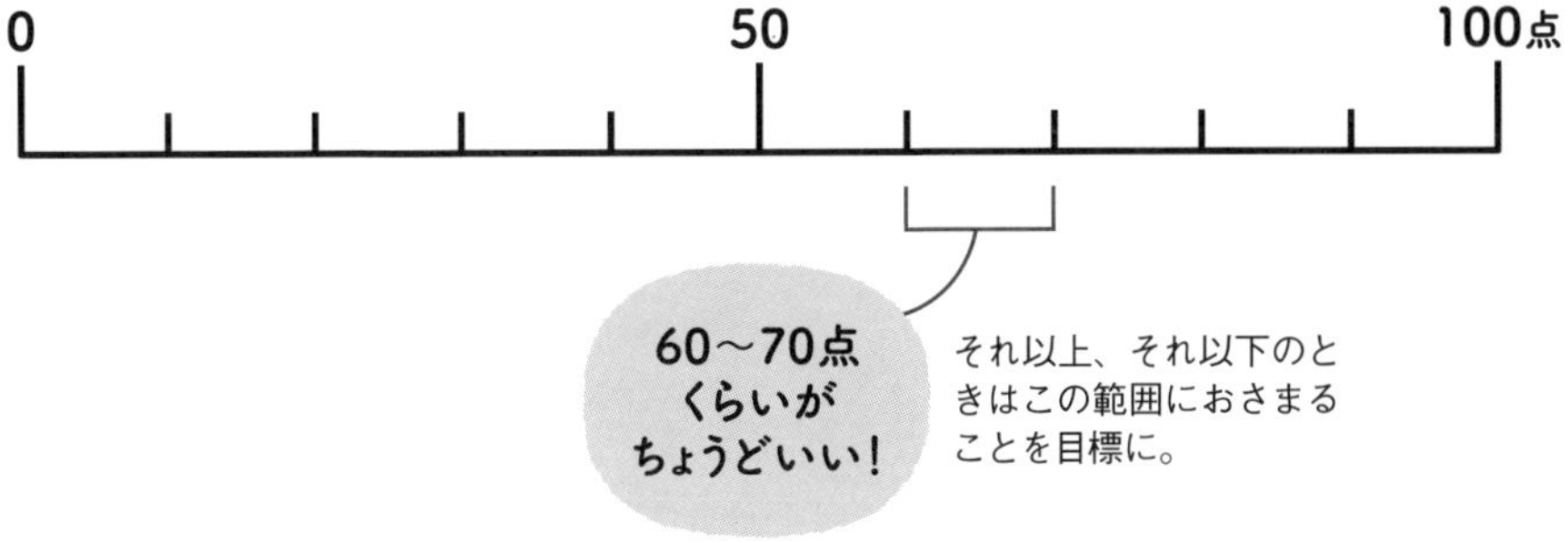
0
50
100点
60～70点
くらいが
ちょうどいい！
それ以上、それ以下のと
きはこの範囲におさまる
ことを目標に。

POINT

- 一日1回、自分の調子をモニタリングし、点数でチェック。
- 100 点 or 0 点に近い場合は完璧主義に偏りすぎているので注意。
- 50 点以下がつづく場合は、自己有能感が低下している恐れがある。
- なぜその点数なのか、原因を追究しないように（促すのはモニタリングだけ）。

ほかにもこんなことをチェックしてみよう

【 体調はどう？ 】

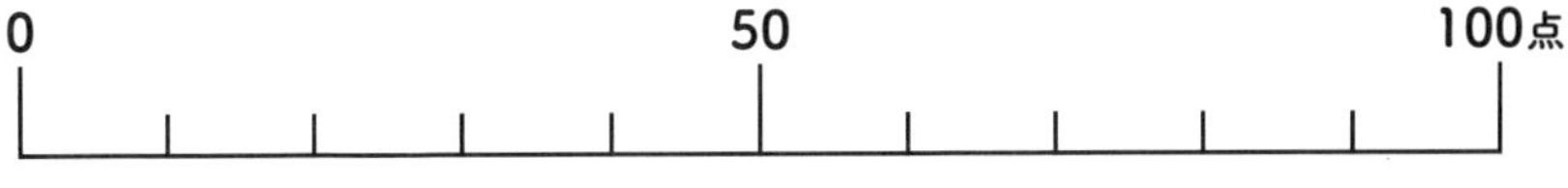
0
50
100点

【 睡眠の状態は？ 】

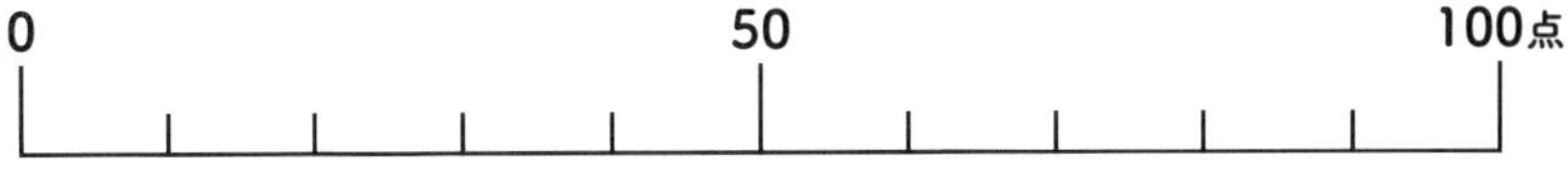
0
50
100点

【 心の状態はどう？ 】

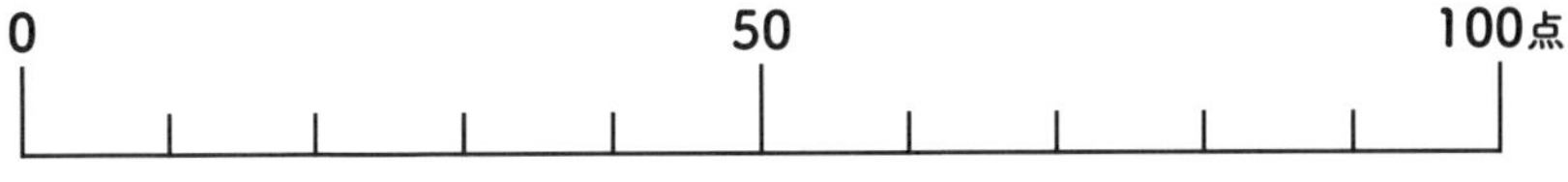
0
50
100点

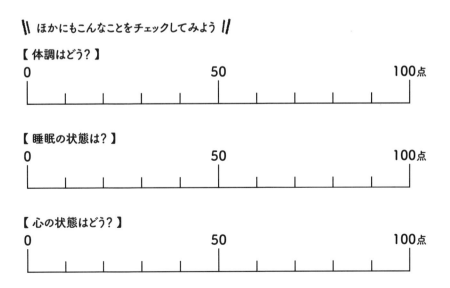

セルフアドボカシー

自分の強みを引き出し、苦手を理解してもらう

２０２４年４月１日より「改正障害者差別解消法」が施行されました。障害のある人が、障害の特性に対する合理的配慮を求められたら、周囲（企業や学校など）はそれに応じる義務があります。社会参加の妨げになることを周囲が理解し、環境調整することを合理的配慮といいます。たとえば言葉での理解が苦手な子のためにイラストで表記するとか、車椅子利用者のためにスロープを設置するなども合理的配慮です。

どんな状況でも、自分の意見を表明する権利がある

このときに大切なのがセルフアドボカシー、つまり自分の権利を自分で主張すること（自己権利擁護）です。

すべての人には基本的人権があり、平等に社会に参加する権利があります。また１９８９年に国連で採択された「子どもの権利条約（児童の権利に関する条約）」にも、子どもは守られるだけでなく、ひとりの人

間として権利をもち、大人は子どもが発達するのに必要な環境を整える義務があると明記しています。

たとえば発達の特性で対人関係が苦手だったり感覚が過敏だったりすると、集団のなかで思ったように能力が発揮できません。このようなときがまんするのではなく、自分の苦手を周囲に伝え、環境調整してもらう。こうした自分の権利擁護のスキルがセルフアドボカシーです。

セルフアドボカシーには、周囲にサポートを依頼するだけでなく、なぜそのサポートが必要なのか、きちんと説明できる能力も大切です。

合理的配慮を得るため自分のことを伝える

発達障害の人は合理的配慮を求める権利があります。周囲の理解とサポートを得られれば、自分の強みを発揮し、人生の目標を果たせるようになれます。そのためには、自分の特性を客観的に捉え説明できるようになる、セルフアドボカシーのスキルアップが欠かせません。

定型発達の子では14歳くらいまでにこの能力の基礎となるメタ認知（P41・43）を獲得できますが、発達障害の子の場合ではこれが遅れます。自分の強み、まわりにわかってほしいこと、してほしくないことを日頃から意識し、人に伝えられるようになることを目標とします。

10歳過ぎたら得意なことに全力を注ぐ

発達障害の子は能力に極端なでこぼこがあります。10歳までは苦手を補い、定型発達の社会のルールを覚えさせることが大切です。

ただし10歳を過ぎたら好きなこと・得意なことから集中させましょう。やりたいことに全力を注ぎ、得意分野をのばすことができれば自己肯定感があがり自信がつきます。

医療の手助け

ＡＤＨＤでは薬物療法も併用。学びのベースを整える

発達障害の子は、その特性から友だちとトラブルになったり、生活のルールが守れなかったりして「自分勝手な子」と思われ、集団からはずれがちです。

障害は医療で「治す」ものではないけれど……

現在、発達障害に関わる多くの医療者たちの共通認識は「発達障害は医療で治すものではない」ということです。発達障害は、生まれつきの脳機能の問題で生じます。特性は親のしつけや本人の努力で変えられるものではないためです。

ただ、本人がつらい思いをしているなら、少しでも生きやすくするために、治療できる部分は行い、日常生活の改善を目指すべきでしょう。

発達障害のなかでも、ＡＤＨＤは薬物療法が確立しています。

ＡＤＨＤの子はそもそもアタッチメント形成や「心の理論（Ｐ28）」

おもな薬物療法

リスデキサンフェタミン
〔医薬品名：ビバンセ〕

４番目に承認されたADHDの治療薬。脳内のドパミンの再取込を防ぎ、ドパミンとノルアドレナリンの濃度を増やし、メチルフェニデートよりも分泌を促進させる。

メチルフェニデート
〔医薬品名：コンサータ〕

中枢神経を刺激し、脳内の神経伝達物質ノルアドレナリン、ドパミンの濃度を増やす中枢神経刺激薬。不注意・衝動性・多動性を改善する効果がある。

などの遅れはありません。それでも対人関係や社会性で問題が生じるのは、衝動性や多動性などＡＤＨＤ特有の症状が原因です。

医療によって衝動性・多動性を抑えることができれば落ち着いて学校生活を送れるようになり、学習や社会性の訓練が定着しやすくなります。

脳機能の働きを調整したうえでトレーニングを

ＡＤＨＤで使われる薬物は4種類です（下参照）。暴力や事故の危険などの緊急性がなければ、小学校2年生の秋ぐらいから始めるのが一般的です。保護者が主治医と連絡を密にとり、連携しながら見守ります。

薬物療法は単独で行うよりも、心理社会的治療をあわせたほうが効果的とされています。心理社会的治療とは心理的・認知行動的な働きかけです。たとえばごほうびを使った行動抑制や日常生活のパターン化、ＳＳＴ（社会生活技能訓練）などで、社会性を高めていきます。

また、ＡＤＨＤはワーキングメモリ（作業記憶）の機能に問題があるため、薬物療法とともにコンピューターで記憶力を鍛える「ワーキングメモリトレーニング」を行うと効果的だという意見もあります。

今回紹介した家庭でできるＳＥＬ教育のトレーニングも、治療の後押しがあると継続・定着しやすくなるはずです。

グアンファシン
［医薬品名：インチュニブ］

脳内のアドレナリン受容体を刺激し、前頭葉の活動を活性化させる非中枢神経刺激薬。多動性、衝動性を抑え、情動を落ち着かせる効果がある。

アトモキセチン
［医薬品名：ストラテラ］

神経伝達物質ノルアドレナリンの濃度を増やし、分泌を促進。不注意を改善、衝動性を抑制する。効果はほかの薬より緩やか。不安の軽減効果も。

関係性の見なおし

もし親が誤った対応をし、信頼の基盤が壊れていたら……

子どもに発達の問題があることになかなか気づけない親御さんもたくさんいます。「みんなと同じようにできない」と子どもを厳しく叱りつづけ、その結果として自己有能感がもてなくなるということも。

間違った対応をしていたら、子どもに謝罪と説明を

とくにＡＤＨＤの子の場合、落ち着きがなく、片づけられない、忘れものや遅刻をしてしまう、勝手に行動する……といった行動が見られます。「なぜこんなことをするの？」「何度も言っているのにどうしてできないの？」と声を荒らげてしまいたくなるのも無理はありません。

でも、特性が招く行動なので、子どもが自分だけで改善できるものではありません。こうしたことがつづき、小学校中学年くらいになると、自分を「ダメな子」「できない子」と言うようになります。

発達障害である、またその傾向があるとわかったときに、「知らずに

叱ってばかりいた……」「とりかえしのつかないことをした」と、いままでの育て方を後悔する親御さんが多くいます。子どもとの関係を修復し、よい関係を築くにはどうすればよいのか、相談に来る方もいます。

ひとつの方法は、「親が謝って言語的に理解させる」ことです。してしまったことを「なかったこと」にはできません。言葉による説明と謝罪で、子どものなかのわるい記憶を上書きするのです。

「あなたによかれと思ってやってしまったけど、あなたの特性や心を考えていなかった。私が間違っていたことがわかった」と、自分の非を認め、そのうえで、「私はあなたのことを本当に愛している。あのときは、そうするのがあなたにとってよいと思っていた。私の思いはわかってほしい」と、その行為の意味を説明します。

怒鳴られたという身体的記憶はもう書き換えられません。でも言語的に理解させ、その意味を上書きすることはできるかもしれません。

本人も自分の言葉で親に伝える

親だけでなく、子ども自身が自分の思いを言葉で明らかにして親に伝えることも大事です。

ＡＤＨＤの場合、認知特性から記憶を鮮明に記憶していることがあり

脳の特性で記憶の仕方が違う

発達障害の人のなかには視覚的な認知に優れた人がいます。体験が脳にビジュアルとして鮮明に刻み込まれます。印象深いできごとがフラッシュバックし、くり返し同じ感情を体験するような状態に。

ＡＳＤでは最初の記憶が強く残り、上書きされにくいという特徴があります。大人になって、突然、親に叱られたつらい記憶が噴出し、激高して親を責めることもあります。

ＡＤＨＤは脳内神経物質の特性からＰＴＳＤを合併しやすいとされています。

ます。親に対してネガティブな感情をもつできごとがあるなら、それを自分の言葉で話してもらいます。親はそれを否定せず、まず本人の思いをただ聞いてまるごと受けとめてください。子どもがすべての思いを吐き出したら、親はそれについて誠実に謝罪し、自分の思いを伝えます。

子どもは自分の思いを伝えられると、満足感や達成感が生まれます。それがあって初めて親の思いを冷静に聞く気持ちになれます。

発達障害の家族関係の治療を行っていると、当事者から「親も苦しかったんだ。私と同じ思いを子ども時代にしていたんだ。だから私を見ると過去の自分を見るようでつらかったんだとわかり、親を許す気持ちになった」という声を聞くことがあります。親子間でこうしたやりとりをするのは、困難なことかもしれません。主治医や第三者があいだに入って行うとよいかもしれません。

ただし、なかには視覚優位という特性をもつ子もいます。視覚優位の子は記憶が映像として鮮明に残ることがあります。そうなると、過去の記憶がまるでいま起きているように感じるタイムスリップ現象が起き、生々しい感情が呼び起こされて苦しみます。ＰＴＳＤ（心的外傷後ストレス障害）などの症状を引き起こすこともあります。そのときは主治医と相談し、発達障害とは別に専門の治療を受けるケースもあります。

親子関係での悩みも
主治医に相談してみてください。
関係回復のため、
家族療法などの方法もあります。

おわりに

長年、発達障害やギフテッドの子どもたちをみてきました。ときどき「この子はなぜいまここに座っているんだろう？」と思うほど、自然な感じでふるまえるようになる子どもたちが増えてきています。

どんな親御さんもみんな真剣な面持ちでクリニックにやってきます。「こうしたらどうですか」という提案を素直に受け入れ、すぐに実行してくださるご家庭では、時間はかかりますが、着実に改善していきます。

なかなかうまくいかないのは、親御さんが「やっています。でも、忙しくてそんなことまでできません」と言ってしまう場合です。

いまの親御さんは、共働きやシングルのケースもあり、多忙で疲れています。子育てに困難がともなうなら、なおさらです。

でも、発達障害やギフテッドの子の生きづらさをとり除くには、時間をかけて本人の社会性や情動を育んでいくしかありません。成長をただ待つのではなく、段階をふんで内面から少しでも変えていくことが大切なのです。「忙しい」「できない」という自分視点でなく、親御さんにこそ子ども側に立つ他者視点をもってほしいと思います。

いまお子さんは、発達の途上にいます。このタイミングだからこそ、お子さんの状態をよくするために努力できるのです。医師、学校の先生、周囲の人の手助けも得ながら、前向きにとり組んでいきましょう。

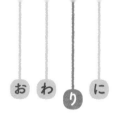

宮尾益知（みやお・ますとも）

小児精神神経科医・どんぐり発達クリニック院長。医学博士。

東京生まれ。徳島大学医学部卒業。東京大学医学部小児科、自治医科大学小児科学教室、ハーバード大学神経科、独立行政（現・国立研究開発）法人国立成育医療研究センターこころの診療部発達心理科などを経て、2014年にどんぐり発達クリニックを開院。専門は発達行動小児科学、小児精神神経学、神経生理学。おもな監修書におもな書籍に『発達障害の治療法がよくわかる本』『発達障害の親子ケア』（講談社）、『この先どうすればいいの？　18 歳からの発達障害』『発達障害の子どもの自己肯定感をはぐくむ本』（大和出版）など多数。

●どんぐり発達クリニック　https://www.donguri-clinic.com

［参考資料］

『ソーシャル・エモーショナル・ラーニング（SEL）　非認知能力を育てる教育フレームワーク』
渡辺弥生、小泉令三　編著（福村出版）

増田優子,三宮真智子,メンタライジング研究の教育への応用可能性.
大阪大学大学院人間科学研究科紀要 45:91-109（2019）

「OECD FUTURE OF EDUCATION AND SKILLS 2030
URL　https://www.oecd.org/education/2030-project/teaching-and-learning/learning/learning-compass-2030/

心のお医者さんに聞いてみよう
発達障害《はったつしょうがい》の子《こ》が18歳《さい》になるまでにしておくこと
“周囲とうまくやっていく力”の育み方

2024年 5 月 31 日　初版発行
2024年11月 14 日　2 刷発行

監修者・・・・・・・・宮尾益知《みや お ますとも》
発行者・・・・・・・・塚田太郎
発行所・・・・・・・・株式会社大和出版
東京都文京区音羽1－26－11　〒112－0013
電話　営業部03-5978-8121 ／編集部03-5978-8131
https://daiwashuppan.com

印刷所・・・・信毎書籍印刷株式会社
製本所・・・・株式会社積信堂

ISBN978-4-8047-6431-3